Desejo e nada

Gustavo Henrique Dionisio

Desejo e nada

Anorexia e **melancolia** como figuras crítico-clínicas da atualidade

autêntica COLEÇÃO
**Psicanálise
no Século XXI** | SÉRIE
**Crítica e
clínica**

Copyright © 2024 Gustavo Henrique Dionisio
Copyright desta edição © 2024 Autêntica Editora

Todos os direitos desta edição reservados pela Autêntica Editora Ltda. Nenhuma parte desta publicação poderá ser reproduzida, seja por meios mecânicos, eletrônicos, seja via cópia xerográfica, sem a autorização prévia da Editora.

EDITOR DA COLEÇÃO PSICANÁLISE NO SÉCULO XXI
Gilson Iannini

COORDENADOR DA SÉRIE CRÍTICA E CLÍNICA
Christian Dunker

EDITORAS RESPONSÁVEIS
Rejane Dias
Cecília Martins

REVISÃO
Aline Sobreira

PROJETO GRÁFICO
Diogo Droschi

CAPA
Alberto Bittencourt

DIAGRAMAÇÃO
Waldênia Alvarenga

Dados Internacionais de Catalogação na Publicação (CIP)
(Câmara Brasileira do Livro, SP, Brasil)

Dionisio, Gustavo Henrique
  Desejo e nada : Anorexia e melancolia como figuras crítico-clínicas da atualidade / Gustavo Henrique Dionisio. -- 1. ed. -- Belo Horizonte, MG : Autêntica Editora, 2024. -- (Psicanálise no Século XXI ; 7)

  Bibliografia.
  ISBN 978-65-5928-444-3

  1. Anorexia 2. Artes - Filosofia 3. Estética 4. Melancolia 5. Niilismo (Filosofia) 6. Psicanálise 7. Rancière, Jacques, 1940- I. Título. II. Série.

24-211990 CDD-150.195

Índices para catálogo sistemático:
1. Ensaios : Psicanálise 150.195

Cibele Maria Dias - Bibliotecária - CRB-8/9427

Belo Horizonte
Rua Carlos Turner, 420
Silveira . 31140-520
Belo Horizonte . MG
Tel.: (55 31) 3465 4500

São Paulo
Av. Paulista, 2.073, Conjunto Nacional
Horsa I . Salas 404-406 . Bela Vista
01311-940 . São Paulo . SP
Tel.: (55 11) 3034 4468

www.grupoautentica.com.br
SAC: atendimentoleitor@grupoautentica.com.br

A coleção Psicanálise no Século XXI

A coleção Psicanálise no Século XXI quer mostrar que a psicanálise pode se renovar a partir de perguntas que a contemporaneidade nos coloca, assim como sustentar a fecundidade da clínica e da teoria psicanalítica para pensar o tempo presente.

A série Crítica e Clínica

Conhecida e atacada pela sua longevidade, a psicanálise tem se mostrado, além de método clínico e uma teoria do tratamento, um dispositivo crítico. No universo anglo-saxônico, esse papel crítico fica evidente pela associação com as teorias antirracialistas, pós-marxistas e feministas, mas também pela sua aproximação com teorias do cinema, da crítica literária e da filosofia. No Brasil, conhecido pela disseminação da psicanálise como prática psicoterapêutica tanto no âmbito privado quanto em sua inserção institucional nas redes assistenciais e na saúde pública, a relação entre crítica da cultura e clínica do sofrimento encontra agora uma sistematização editorial. Este é o objetivo e a proposta da série Crítica e Clínica: mostrar que a crítica social pode se reverter em renovação e aperfeiçoamento de procedimentos clínicos. Isso significa combinar produção conceitual e reflexão psicopatológica com trabalhos de análise de transformações sociais, enfatizando o que podemos chamar de "políticas de sofrimento psíquico".

Formar uma nova política de saúde mental e dar voz e suporte narrativo para posições subalternizadas de gênero, classe e raça em nossa história é também uma forma de modificar, pela raiz, os processos de transmissão e pesquisa que vieram a caracterizar o estilo próprio e a ética da psicanálise. Nosso objetivo consiste em traduzir um montante significativo de produções da psicanálise crítica, combinando-o com a nascente produção brasileira orientada para a renovação da psicanálise. Pretendemos iluminar experiências alternativas e proposições inovadoras que se multiplicaram nos últimos anos, acolher esse movimento intelectual e organizar o debate que essas experiências e proposições suscitam ao operar transversalmente em relação às escolas de psicanálise e suas tradições. Uma nova forma de relação entre a produção universitária e o trabalho desenvolvido nas escolas de formação torna-se, assim, parte da desobstrução dos muros e condomínios que marcaram até aqui a distribuição iniquitativa dos recursos culturais e sociais no Brasil.

Gilson Iannini
Editor da coleção Psicanálise no Século XXI

Christian Dunker
Coordenador da série Crítica e Clínica

Para minha filha Clarice.

11 Prefácio
Por uma abordagem est*ética* da psicopatologia
Jean-Michel Vives

25 **Apresentação**

Parte I
33 Introdução do problema
37 Dois inconscientes em jogo
53 Vontade e nada: reação como progresso
61 Da Vontade ao desejo
79 Nada mais-além do princípio de prazer?
93 Niilismo e psicanálise

Parte II
109 Desejo de nada, nada do desejo: anorexia e melancolia como figuras crítico-clínicas da atualidade

137 **Considerações finais**

151 **Posfácio**
Inês Bianca Loureiro

157 **Referências**

Prefácio

Por uma abordagem estética
da psicopatologia

Jean-Michel Vives[1]

Em 1907, durante uma intervenção dedicada à metodologia da psicologia dos escritores, no âmbito de uma das reuniões da Sociedade Psicológica das Quartas-Feiras, Max Graf, o pai do pequeno Hans, demonstrou como ética e estética não poderiam estar disjuntas quando se trata de "aplicar" a psicanálise aos artistas[2] e à psicopatologia. Em resposta ao trabalho apresentado no dia 4 de dezembro por Sadger, sobre o poeta Konrad F. Meyer, ele acusou os patógrafos, incapazes de utilizar a psicanálise com sensibilidade e tato, de "destruidores de alma".[3] A expressão é forte e toca no ponto: aplicar a psicanálise a uma obra para nela

---

[1] Professor de Psicopatologia Clínica – Universidade Côte d'Azur – Nice – França. Corresponsável pelo Master Psychologie Clinique et Médiations Thérapeutiques par l'Art. Psicanalista (Insistance) – Toulon.

[2] Freud valida a iniciativa de Graf, visto que ele afirma: "Graf mostrou o caminho ao dizer que é preciso partir das obras" (Les Premiers…, 1976, p. 273).

[3] "A técnica de Freud, por si só, não torna nada inteligente ou profundo. Seu valor consiste no fato de fornecer a quem conhece a psique um instrumento novo e muito fino, porém muito frágil, para explorar o inconsciente. Contudo, ela não ajuda em nada um destruidor de alma" (Graf, 1976, p. 277). Alguns anos mais tarde, em 1975, Lacan irá afirmar, num estilo mais direto, que ela nada pode contra a tolice (Lacan, 1975, p. 235).

identificar as "neuroses" do autor não contribui em nada para a sua compreensão, além de ridicularizar a psicanálise. Max Graf, por sua vez, que soube muito cedo identificar, nos relatórios das sessões de análise que sua futura mulher fazia com Freud, "um desfecho artístico do tecido do inconsciente" (Graf, [1942] 1993, p. 25), não podia deixar de ser sensível ao respeito com o qual convém utilizar a psicanálise, seja no âmbito do tratamento, seja fora dele. Essa articulação delicada entre ética e estética deu lugar, em francês, a um neologismo criado por Philippe Lacoue-Labarthe (1991), proposto em seu texto "De l'éthique: à propos d'Antigone". Por ocasião dessa conferência feita no Colégio Internacional de Filosofia, Philippe Lacoue-Labarthe fez uma leitura rigorosa do comentário de *Antígona*, de Sófocles, realizado por Lacan ([1959-1960] 1988) no contexto do seu seminário dedicado à ética da psicanálise. Apoiando-se numa pequena e enigmática frase de Lacan, que aparece na conclusão da lição do dia 2 de março de 1960: "É sensível para todos, penso eu, que o que lhes estou mostrando este ano pode situar-se entre uma ética e uma estética freudianas. A estética freudiana encontra-se aqui apenas na medida em que nos mostra uma das fases da função da ética" (Lacan, [1959-1960] 1988, p. 197), Lacoue-Labarthe introduz, então, o neologismo: est*ética* com dois "h"[4] [est*héth*ique], o que implicaria, segundo ele, que "só há ética sustentada por uma estética" (Lacoue-Labarthe, 1991, p. 31) e que "est*ética* [est*héth*ique] [...] supõe que se tenha franqueado simultaneamente os limites da ética e da estética" (p. 35).

---

[4] Esse neologismo não poderia ser traduzido diretamente para o português, uma vez que, nessa língua, a palavra "estética" já realiza essa feliz fusão: est-ética, o que nos leva a utilizar a grafia "est*ética*", para que se leia a dimensão ética alojada no cerne de toda iniciativa estética.

A ideia de est*ética*, que me parece ser o caminho tomado por Gustavo Henrique Dionisio nesta obra, permite abrir uma via audaciosa e fecunda para pensar a prática analítica e a relação com a psicopatologia: a ética trabalhada a partir da criação não pode ser confundida com a moral, e a estética transmitida pela dimensão clínica não pode ser reduzida a uma doutrina do gosto qualquer. O momento est*ético* do encontro é aquele em que o sujeito se destina e se endereça a seu fazer obra de si. O fazer obra não provém, portanto, apenas da "suave narcose" à qual Freud parece reduzi-lo um pouco rapidamente em 1930 (Freud, [1930] 2020, p. 327), mas pode, igualmente, provir da sobrevivência e permite compor uma relação suportável com o mundo, ainda que, às vezes, apenas momentaneamente. O exemplo da arte bruta, essa arte dos loucos e de todos aqueles que são levados a criar fora de toda referência à história da arte, é, sem dúvida, o mais evidente dessa dinâmica est*ética*: a criação é aí irrepressível e, na maior parte do tempo, liberada de todo e qualquer modelo, o que lhe confere uma dimensão extremamente singular, colocando em primeiro plano a questão do estilo, imediatamente reconhecível. Pensemos nas obras de Gaston Chaissac, André Robillard, Auguste Forestier, Adolf Wölfli ou Aloïse Corbaz, que são imediatamente reconhecíveis na medida em que desvendam um mundo que pertence somente aos seus criadores, não se parecendo em nada com obras que lhes precederam.

"A estética em um homem é isso pelo qual esse homem é. A ética em um homem é isso pelo qual ele se torna o que se torna", propõe-nos o filósofo dinamarquês Kierkegaard (*apud* Maldiney, 1993, p. 33).

A ética assim concebida implica pensar a maneira como todo humano deve responder, singularmente, ao imperativo que se encontra em sua origem: "Seja!", "Torne-se!". Imperativo que está na própria origem do advir de todo sujeito e que, por essa razão, concerne a cada um de nós. A *estética* corresponde à emergência desses momentos extremamente singulares em que o sujeito é reconhecido na medida em que responde ao convite que lhe é feito a partir de um lugar específico e segundo modalidades que lhe são absolutamente próprias.

A segunda qualidade da abordagem proposta por Gustavo Henrique Dionisio é o tato com o qual ele se aproxima das questões psicopatológicas. Poderíamos apreender a extensão disso a partir de uma intuição exprimida por Reik ([1935] 2001) ao propor sua definição de tato: "É sempre a nossa própria reação psicológica às falas do analisante que esclarece o nosso caminho, é a *response*, como eu gostaria de poder nomeá-la" (Reik, ([1935] 2001, p. 163, grifo de Reik).

Essa frase poderia parecer anódina e até mesmo banal se não nos detivéssemos sobre a sua estranha formulação. O que essa palavra inglesa, *"response"*, vem fazer num texto escrito em alemão? Por que Reik preferiu nomear estranhamente de *response*, sem, contudo, ousar fazê-lo, isso que poderia ser qualificado de reação contratransferencial? Por que não utilizar a palavra alemã *"Antwort"*, que significa "resposta"? Que dimensão o termo *"response"* introduz que o termo alemão não permitiria fazer ouvir? O termo inglês *"response"* significa resposta ou reação, porém, possui igualmente uma significação que nem a palavra *"answer"* nem a palavra *"Antwort"*, cuja origem comum podemos perceber, poderiam assumir. *"Respond (to)"* pode ser traduzido por "ser sensível (a)". A resposta aos significantes do paciente não seria simplesmente uma *answer*, mas, antes, uma *response*, na medida em que ela implica um mais além das palavras trocadas, a dimensão da ressonância: como fui sensível, como ressoou em mim a dimensão real que as palavras do paciente trazem?

A *response* da qual nos fala Reik seria, portanto, uma resposta que traz o testemunho da maneira como ressoou, no clínico, a fala do paciente. Theodor Reik, pela utilização do termo "*response*", e não do termo "*answer*", introduz a dimensão vibratória e, portanto, ressonante da interpretação. Ressonância que, ao colocar em vibração corpos heterogêneos, faz com que a interpretação vise, mais além do sentido, a um passo de sentido [*pas de sens*] em que real, simbólico e imaginário seriam convocados.

Não é somente a razão que está aqui em jogo, mas também a *réson*, para retomar a equivocidade proposta pelo poeta Francis Ponge (1942). A *réson* seria esse real vibratório do significante, necessário para que a razão possa advir, esse contato não mortífero com o real. A *response* proposta por Reik permitiria a recolocação em jogo do necessário endereçamento e do apelo de onde se origina o sujeito. O que Goethe formula de maneira surpreendente em seu aforismo: "Tarde ressoa o que cedo soou" (Goethe *apud* Reik, 1973, p. 15). No entanto, em certas circunstâncias, essa ressonância pode cessar, afastando o paciente do apelo que o convidou a advir, tal como a clínica nos ensina cotidianamente.

Tomemos um fragmento clínico que nos permitirá esclarecer essa questão.

O primeiro encontro com Victor foi marcado por soluços. Victor é um jovem de 15 anos acometido de uma doença incurável que, segundo os prognósticos médicos, condena-o a uma morte certa no decorrer dos próximos meses. As únicas palavras que ele consegue articular entre dois soluços são: "Eu não quero morrer" e "Sinto muito, desculpe-me, sinto muito, não consigo parar de chorar". Num primeiro momento, acolho em silêncio essas lágrimas e, em seguida, digo-lhe: "Não se preocupe, temos todo o nosso tempo". Victor olha para mim, aparentemente surpreso com minha intervenção, e aos poucos se acalma. Ao final da sessão, perguntei se ele desejava que nos encontrássemos novamente, ao que ele respondeu: "Sim, eu gostaria muito. Acho que vou me entender bem com você".

O que em minha intervenção fez com que Victor pensasse que ele poderia "se entender bem" comigo? Que ele poderia, em outras palavras, através da minha presença, fazer ressoar o seu dizer? Resumindo, foi minha oferta de tempo ("temos todo o nosso tempo"), no momento em que ele vivia dramaticamente relegado ao horizonte de uma morte próxima ("eu não quero morrer"). A possibilidade de abertura de um tempo a transcorrer – e não de um tempo transcorrido[5] – que lhe foi ofertada permite que Victor ouça a si mesmo de modo diferente daquele que é *condenado à morte*. Essa oferta nos parece possível a partir de um posicionamento ético adotado pelo analista: o sujeito ouvido de certa maneira, suposto e não sabido, faz com que ele se descubra, na surpresa, como podendo adquirir um saber inédito sobre a falta que o constitui a partir do que se ouve dele naquilo que se diz.

A sessão visaria, sob essa ótica, não somente à instauração de uma narrativa, mas também, essencialmente, a uma reelaboração temporal, localizada por Lacan a partir do futuro anterior, modalidade temporal que permite reordenar, durante o tratamento, as contingências passadas para lhes dar o sentido de necessidades futuras (Lacan, [1970] 2003). O ato de tomar a palavra no tratamento não visa ser tomado *na* palavra, mas a uma abertura temporal tornada possível a partir dela. Tal abertura seria aquela que permite recolocar em jogo o endereçamento e o apelo de onde se origina o sujeito. Apelo que sob certas condições pode cessar, assim como a clínica nos ensina frequentemente.

Freud, em 1915, parece abordar essa questão num texto curto, traduzido em francês nas *Œuvres complètes* sob o título "Passagèretés" [Transitoriedade] (Freud, [1915] 1974). Qual

---

[5] Sabemos, muito bem, a que remete o fato de ter tido nosso tempo transcorrido...

é o ponto-chave desse texto escrito algumas semanas apenas depois de "Luto e melancolia"? Freud se interroga sobre o que nos permite continuar a investir e a gozar da vida apesar da sua dimensão transitória. O que é que permite manter uma relação entusiasmada consigo mesmo, com o mundo e com os outros, apesar da dimensão efêmera de todas as coisas?

Esse texto narra um passeio de Freud, num "dia florido de verão", com um amigo taciturno (Lou Andréas-Salomé) e um jovem poeta famoso (Rilke) preocupado com a ideia de que a beleza que os cerca está fadada a passar. Esse sentimento de efemeridade pode suscitar, diz Freud, dois tipos de resposta: o "penoso desalento pelo mundo" ou a "revolta". Duas modalidades que revelam, em toda a sua radicalidade, nossa exigência de eternidade e perenidade.

A primeira resposta de Freud aos seus interlocutores é que a transitoriedade aumenta o próprio valor do objeto, devido a sua raridade e precariedade. O argumento, usado por numerosos filósofos, parece totalmente admissível; contudo, seus colegas de caminhada não parecem convencidos disso. Freud nos diz que, se tal argumento sensato deixa seus interlocutores indiferentes, é porque aqui se interpõe a questão do luto: "A ideia de que toda essa beleza era transitória comunicou a esses dois espíritos sensíveis uma antecipação de luto pela morte dessa mesma beleza" (Freud, [1915] 1974, p. 346), que traz a ideia de um dano no belo devido ao seu desparecimento próximo. Rilke mostra-se incapaz de se alegrar e não cessa de desvalorizar o Belo, que, no instante mesmo em que se mostra, evoca, para ele, o quão logo desparecerá. E Freud diz de Rilke que ele se encontra "num estado de luto pelo que se perdeu" (Freud, [1915] 1974, p. 348).

Ora, sabemos da dor de existir que acompanhou Rilke ao longo da sua vida, o que sua arte poética tentou, até o fim, manter à distância. Eis uma quadra que Rilke escreveu em francês e que indica, parece-me, o trabalho psíquico e as modalidades pulsionais convocadas pelo poeta para tentar lidar com esse luto impossível da perda:

> *Il faut fermer les yeux et renoncer à la bouche*
> *Rester muet, aveugle, ébloui*
> *L'espace tout ébranlé qui nous touche*
> *Ne veut de notre être que l'ouïe*
> [É preciso vedar os olhos e selar os lábios
> Ficar mudo, cego, aturdido
> O espaço todo sacudido que nos cerca
> Não quer de nosso ser senão o ouvido].
> (Rilke, [1926] 1972, p. 459)

Por meio desse *Gong* – título do poema –, Rilke descreve o corpo como corpo ressoante. Em outras palavras, ele nos indica que o que o faz escrever e construir um espaço onde experimentar e tratar o intratável mal-estar é um espaço potencial de ressonância e de contato com o real, que não é nem confusão nem afastamento. O mal-estar sentido por Rilke estava, como sabemos, desde sempre ali, como mostra o pequeno fato trazido por Alain Didier-Weill em sua obra *Un mystère plus lointain que l'inconscient* [Um mistério mais longínquo que o inconsciente]. Nesse livro, ele relata um episódio da vida de Rilke quando este era secretário de Rodin, por volta dos anos 1905-1907. O poeta sofria, nessa época, de perturbações melancólicas, uma inibição do movimento da qual era impossível tirá-lo. Nem a frequentação das obras mais interessantes nem as conversações mais sutis conseguiam tirá-lo desse estado de abatimento. Essa interrupção da própria possibilidade de existência, a ser ouvida como ek-sistência, como possibilidade de se manter fora, é com isso que a nossa clínica nos confronta dolorosa e cotidianamente. A prática clínica nos lembra que à prescrição freudiana, ao imperativo universal endereçado a todo homem: "*Wo Es war, soll Ich werden*" [Ali onde Isso era, Eu devo advir], é possível responder com: "Eu não advirei!", "Eu renuncio a essa dimensão essencial da Ek-". Rilke, numa carta endereçada a Lou Andréas-Salomé, em 1901, exprime precisamente esse estado:

> *Je me tiens dans le noir, comme un aveugle parce que mes yeux ne te trouvent plus. Le trouble affairement des jours pour moi n'est plus qu'un rideau qui te dissimule. Je le regarde, espérant qu'il se lève, ce rideau derrière lequel il y a ma vie. La substance et la loi même de ma vie et néanmoins ma mort. Tu te serrais contre moi non par dérision, mais comme la main du potier contre l'argile. La main qui a pouvoir de création. Elle rêvait de quelque chose à modeler, puis elle s'est lassée, s'est relâchée. Elle m'a laissé choir et je me suis cassé.*[6]

[Permaneço no escuro, como um cego, porque meus olhos não mais te encontram. Para mim, o tumultuado afã dos dias não passa de uma cortina que te dissimula. Olho para ela e espero que se abra, essa cortina atrás da qual está a minha vida. A própria substância e lei da minha vida e, contudo, a minha morte. Você se estreitava contra mim, não com derrisão, mas como a mão do oleiro na argila. A mão que tem o poder da criação. Ela sonhava com algo a ser modelado, depois se cansou, relaxou. Largou-me e eu me parti.]

O que pode, então, ser feito por esse sujeito [que se encontra] numa impossibilidade de existência? Esse pôr-se em movimento subjetivo, até então impossível, será experimentado por Rilke no contato com uma obra em criação. Ao entrar no ateliê de Rodin, ele coloca a mão no rosto de

---

[6] Carta de Rilke a Lou Andréas-Salomé datando aproximadamente do dia 26 de fevereiro 1901 e citada por Lou Andreas-Salomé em sua obra *Rainer Maria Rilke* (1928, p. 13 [1989, p. 17]).

uma estátua na qual o escultor estava trabalhando. Segundo o seu próprio testemunho, Rilke sentiu, então, que as forças da vida, que o haviam abandonado, estavam de volta. O que aconteceu com Rilke no ateliê de Rodin é uma modalidade de expressão, fora do tratamento analítico, da recolocação em julgamento da decisão quanto ao desejo. A metáfora do oleiro utilizada por Rilke para falar da sua relação com Lou Andréas-Salomé antecipava estranhamente, desde 1901, essa experiência.[7] O contato com a obra em criação lhe permite experimentar novamente a possibilidade de se pôr em movimento, de não mais ser esmagado pelo real, mas de entrar em contato com ele. Em que consiste a eficácia da mensagem silenciosa percebida por Rilke a partir da estátua em criação, que as palavras eram incapazes de transmitir e que autoriza o poeta a se pôr novamente em movimento, o que a sua arte poética não cessa de tentar reiterar?

Para poder compreender isso, devemos distinguir, com Alain Didier-Weill (2012), dois tipos de apelo. O primeiro seria um apelo silencioso, um puro apelo a advir que preside o próprio aparecimento do real e o coloca em movimento. É o que se exprime desde o primeiro verso do *Gênesis*: "*Entête Elohîms créait les ciels et la terre*" [No princípio, Deus criou os céus e a terra] (La Bible, *Entête*, 1992, p. 33). É esse apelo a ser que Rilke recebe e que é enigmaticamente transmitido pela estátua. Trata-se, portanto, de um apelo fora das palavras, mas que, no entanto, é ouvido pelo sujeito, que pode então aceitar responder a ele por um "eu advenho". Esse apelo, que provém ao mesmo tempo do endereçamento, da suposição e da invocação, seria o que permite a colocação em movimento do real humano e seu devir homem, a colocação em movimento ressonante.

---

[7] Ela antecipa também os desenvolvimentos de Lacan sobre o trabalho do oleiro como evidentemente [da ordem] do real.

O segundo apelo, mais claramente identificado nos trabalhos analíticos, seria uma voz que se exprime numa fala que visa dar forma a esse real que advém por meio de uma nomeação. É ela que encontramos no terceiro verso quando a voz de Deus se faz ouvir e se exprime numa fala: "*Elohîms dit: 'une lumière sera.' Et c'est une lumière*" ["Deus disse: 'haja luz', e houve luz"] (La Bible, *Entête*, 1992, p. 41).

Esse apelo sonoro cria menos do que nomeia. Essa função não é sem importância, como sabemos, na medida em que ela não encontraria a sua eficácia se a suposição que permitiu ao real ex-sistir não tivesse tido lugar. O apelo silencioso ao qual Rilke responde no ateliê de Rodin torna-se compreensível quando consideramos a dimensão do contato evidenciada por Jacques Schott a partir dos trabalhos de Leopold Szondi. Szondi, psiquiatra húngaro e criador do Diagnóstico Experimental das Pulsões, define a esfera do contato como aquela que regula a relação do pré-sujeito com o mundo das coisas ainda não constituídas em objetos. Jacques Schott dará toda a importância teórico-clínica a essa dimensão do contato, ressaltando que o humano guarda em si, em sua camada mais arcaica, uma aspiração mais ou menos intensa a restabelecer esse contato primeiro com o meio ambiente e a ser conduzido por ele. Para Rilke, tocar o irrepresentável de um rosto que surge do nada da terra lhe permite estabelecer, novamente, um contato com o objeto primordial perdido.

Para além da figura, o que é visado aqui é esse antes da re-presentação ao qual se articula a relação de objeto, antes de se estabelecer um contato com a Coisa. Tempo fora do tempo, ek-stase ou suspensão temporal que permite ao sujeito estar ao mesmo tempo aqui e ali e fazer a experiência da ausência mantendo, ao mesmo tempo, um contato intermitente, frágil, porém, tranquilizador com o objeto primeiro.

O encontro mediatizado pela criação instauraria, assim, entre tato e contato, um espaço de abertura. Pois a arte leva o sujeito pelo caminho mais curto a esse lugar de desconforto onde lhe é significado que ele está, finalmente, em contato com aquilo que não foi previamente cultivado para satisfazer a sua expectativa. Não o pensamento já pronto [*prêt-à-penser*], mas o heterogêneo, a Coisa. As palavras indicativas não faltam para sinalizar a consistência rebelde que não se deixará capturar pelo jogo da representação. A obra de arte introduz a síncope. Pela variação dos limites, pela desobjetivação, por uma efervescência, por um desvio e um retorno dos signos, a arte dispensa toda designação e dá lugar à fulgurância jubilatória que desconsidera o necessário, porém obturante, trabalho da psique. O indivíduo não é mais, então, apenas tomado em signos organizados que constituiriam uma figura na qual ele tentaria, em vão, apreender-se, em representações que se oporiam ao real; ele se encontra, antes, desinstalado momentaneamente das suas identificações, em descontinuidade entre o "já era" da representação abandonada e o "ainda não" da representação por vir.

Nesses momentos, que são intensos, instáveis e violentos em sua própria ucronia, o sujeito cessa de correr atrás do "tempo perdido" para se dedicar à evidência do instante. Essa suspensão, essa pausa permite o que M. Heidegger chama de "elã antecipatório", que não tem a ver com uma programação do futuro, o que levaria, uma vez mais, a suturar o aberto, correspondendo, antes, no plano gramatical, ao que J. Lacan identificou como participando do futuro anterior. Um acontecimento que não pertence nem a um passado transcorrido nem a um futuro que estaria por vir e, portanto, representado, mas que corresponde ao surgimento de um presente em que se poderia experimentar um "logo, eu terei sido isso". O *prae-sens* implica, assim, o fato de estar à frente de si mesmo. Dar sentido não é mais apenas dar um sentido, mas permitir que se instale novamente o processo da significância. Significância que é uma dinâmica de significação que se tornou possível pela instalação de um vazio, de uma ausência. Pois, paradoxalmente, não é o vazio que cria o peso do ser, mas a falta de vazio. É de excesso que sofrem os pacientes que recebemos. O encontro com a obra de arte nos permite compreender como "Eu" posso/pode se de-significar e fazer a experiência controlada da ausência sem, no entanto, nela desaparecer.

O que se visa aqui é à colocação em movimento da identidade para que advenham os raros momentos em que o homem se libera da imagem de si mesmo, que é então mostrada pelo que ela é: um simples instante da representação. Pois se o homem é trabalhado – no sentido etimológico, torturado – por suas identificações, ele nunca é – esse é precisamente o seu drama – redutível à sua identidade. As identificações formam uma espécie de cebola: não existe um núcleo. O Eu é *Unerkannte*, para sempre não reconhecido, não identificado, poderíamos dizer.

Apresentação

Dividido em duas partes, este ensaio apresenta o desenvolvimento de uma pesquisa realizada igualmente em dupla frente: no primeiro momento, move-se pela necessidade de demarcar um percurso filosófico implicado com uma questão incômoda que Jacques Rancière (2009) traz à psicanálise em *O inconsciente estético*, questão que indica a existência de um denominador comum nos textos de Freud dedicados à arte e à estética para, enfim, chegar a uma breve incursão no pensamento de Arthur Schopenhauer – embora sendo Freud imediatamente reconvocado à discussão, uma vez que a fricção entre os conceitos de Vontade (daquele) e Desejo (deste) se revelou incontornável sobretudo em função de sua articulação com um certo "niilismo" presente na obra do filósofo alemão. Quanto a isso, cabe reconhecer de pronto que jamais seria possível abarcá-la com a complexidade e a extensão necessárias, tal como se poderia delinear, nesse caso, com um comentário a respeito das ontologias de Hegel, Heidegger (de quem parafraseio, adicionando uma corruptela, o título deste trabalho) e mesmo Sartre, que, como é de notório conhecimento, inscrevem-se com profundidade nessa problemática – a tarefa é obviamente irrealizável. Reduzir a discussão a Schopenhauer revelou-se como solução de compromisso a fim de insinuar uma resposta à provocação de Rancière que, a propósito, parte e se restringe de forma estratégica àquele filósofo, assim como toca apenas brevemente no jovem Nietzsche, sem mergulhar em sua direção. Rancière tampouco se preocupa, nesse sentido, em informar que as coordenadas em que esse nada se inscreve são restritas em termos espaço-temporais, o que me obriga a situá-las minimamente, pois, uma vez circunscritas ao pensamento (branco) europeu da modernidade, sua pesquisa não leva em consideração – não é um de seus objetivos, contudo – toda uma fortuna filosófica (ou mística) oriental que se opõe à *equivalência* entre nada e verdade, premissa que funciona como ponto de partida para a reflexão do filósofo francês. Alguns trabalhos de Mircea Eliade (1957), por exemplo, são bastante elucidativos acerca da questão.

Já quanto ao aporte mais especificamente psicanalítico, tenho consciência de que seu desdobramento imediato exigiria deter-me na concepção de desejo cunhada por Lacan, e em particular quanto àquilo que o psicanalista já apontara acerca do famigerado desejo de *comer nada* característico da anoréxica (Lacan, [1956-1957] 1995, p. 188), assim como a própria distinção que fez nos *Seminários X* (*A angústia*) e *XIX* (*...Ou pior*) sobre o vazio, a falta e o nada; não obstante sua importância, a meta também se revela inalcançável em razão do recorte escolhido, por si só um tanto sinuoso. Sob prisma estritamente freudiano, portanto, no segundo momento procurei introduzir problemas metapsicológicos concernentes à anorexia e à melancolia, que a meu ver são consequentes da primeira seção porque demandam uma discussão psicanalítica que a tais figuras coube trazer à tona, assim como representam modalidades *crítico-clínicas* dos processos de subjetivação atuais que giram – e esse é o pivô de minha tese –, ambas, em torno do *nada*. Daí o esforço em tentar circunscrever alguns denominadores comuns em relação a seus funcionamentos psíquicos: no que tange à anorexia, creio que não haja muito o que discutir a esse respeito, tendo em vista a função central que a *imagem* cumpre no mundo contemporâneo; por outro lado, com relação à melancolia a situação parece ser análoga, de forma que sou obrigado a concordar com e ao mesmo tempo discordar da avaliação de Alessandra Martins – autora com quem venho travando diálogo há bastante tempo, aliás: embora ela reconheça que melancolia e depressão talvez não sejam "tão diferentes" em sua caracterização, tese com a qual concordo, tanto quanto percebe que "os percalços da clínica mostram claramente a reincidência da melancolia e casos crônicos de depressão na atualidade" (Parente, 2017, p. 85), não por isso deixa de atrelar sua condição estritamente à *modernidade* e não à contemporaneidade, fazendo assim do melancólico (e mesmo o depressivo) um ser anacrônico – o que a meu ver soa contraditório em relação aos próprios argumentos que a autora arregimentou em seu belo texto *Sublimação e Unheimliche* (2017).

De minha parte, a dobradiça que articula nada e desejo conduziu-me a uma "dialética moebiana" na qual anorexia e melancolia, sendo rigorosamente tomadas enquanto *posições* ou *figuras* – leia-se: não como casos clínicos, pacientes, enfim, pessoas –, funcionam como irmãs siamesas ao lançarem uma questão a certos impasses subjetivos do agora, e que parecem surgir com maior frequência no cotidiano da escuta – estendendo-se, fatalmente, à própria situação atual da analisabilidade –, mas não só: com efeito, tais figuras são, paralelamente, críticas em termos *políticos*, ora pela via de um niilismo (agora sim, sem aspas) que toca nas diferentes ofertas ideológicas disponibilizadas pelo neoliberalismo, ora pela perspectiva de uma resignação a que muitos sujeitos se deixam levar mediante uma conjuntura sociopolítica carente de horizontes emancipatórios. No interior do regime sensível da contemporaneidade, é como se essas posições se apresentassem como uma forma do mal-estar inequívoco próprio às subjetividades políticas que, nesse caso, revelam-se francamente resistentes aos imperativos de laço social.

Quanto à casuística – que evidentemente procurei evitar, porque – destaco novamente – não se trata de pacientes, assim como não pretendo me debruçar sobre o caráter "psicopatológico" de cada posição, ou mesmo de sua sintomatologia mais especificamente médica ou psiquiátrica, dispensando inclusive toda uma discussão sobre as próprias estruturas psíquicas em jogo –, penso não obstante que valeria mencionar os dados seguintes, talvez por precaução ou por sua incidência no quadro da saúde pública mais recente: segundo a Organização Mundial de Saúde (OMS), 5% da população brasileira sofre de algum transtorno alimentar, enquanto a estatística de casos suposta à população mundial é de 70 milhões de pessoas; já o diagnóstico de depressão, que ora se confunde com a melancolia, ora converge com ela, e que, diga-se de passagem, cresceu vertiginosamente (40%) durante o período mais agudo da pandemia de covid-19, apresenta uma incidência de 5,8% da população brasileira, segundo a mesma OMS, ou seja, curiosamente não muito maior que a primeira (todo esse material refere-se ao ano 2022), embora tenhamos de considerar, para uma e para outra, que os números não sejam exatamente inexpressivos: não serão eles representativos o bastante do que poderíamos chamar, ainda hoje, de *mal-estar* na cultura?

Antes de avançar, seguem meus agradecimentos às diletas e afetuosas companhias que estiveram bastante próximas durante a confecção do texto: Marcio Suzuki, pela hospitalidade com a qual recebeu minha proposta de pós-doutorado na Faculdade de Filosofia, Letras e Ciências Humanas da Universidade de São Paulo (FFLCH-USP), e que me permitiu desenvolver o ensaio cuja conclusão serviu de início a esta pesquisa; Eduardo Ribeiro da Fonseca, pesquisador e professor da Pontifícia Universidade Católica do Paraná (PUCPR), por sua especializada, minuciosa e atenta leitura crítica, sobretudo em relação aos (hesitantes) aspectos filosóficos do manuscrito; o amigo Juliano Garcia Pessanha, escritor-pensador dos meus prediletos, que realizou uma recepção transversal deste escrito a ponto de me empurrar na direção de sua continuidade, mesmo quando eu já demonstrava sinais de esgotamento; meu "irmão gêmeo" Marcelo A. Checchia, por levantar certas questões clínicas dificílimas com as quais terei de lidar daqui em diante, e que seriam de impossível resolução no momento, dadas a sensibilidade e a inteligência que se extraem delas, e que indicam uma escuta sensível dos manejos tanto na anorexia quanto na melancolia; a maravilhosa Inês Loureiro, minha principal interlocutora sobre os assuntos que concernem a esta pesquisa, por ter sempre me enviado seus livros e me presenteado com o posfácio à presente edição; e, *at last but not least*, Jean-Michel Vivès, que, com toda a generosidade que lhe é característica, debateu comigo acerca da metapsicologia da melancolia e de brinde indicou um caminho certeiro na retomada de alguns textos freudianos essenciais à investigação – a ele também coube a escrita do prefácio a este trabalho, frente ao qual me sinto muito privilegiado. Também devo enorme agradecimento aos professores Fernando Teixeira Filho, Danilo Veríssimo, Miriam Debieux Rosa, Paulo Endo e Mario Eduardo Costa Pereira, com quem tive a oportunidade de discutir de forma tão aprofundada quanto prazerosa em razão da defesa de minha tese de livre-docência em Psicologia Clínica. Agradeço, por fim, a Cáro, Márcia e João, que me auxiliaram a compreender na carne as questões que de início iam se delineando apenas no plano do pensamento, como ocorrera na concepção do projeto.

Cabe ainda menção à Fundação de Amparo à Pesquisa do Estado de São Paulo (Fapesp), que financiou boa parte destas conclusões por meio de um Auxílio Regular (Processo 2020/06500-9), incluindo aí a possibilidade de cumprir reuniões de pesquisa com colegas do exterior, assim como de realizar a coleta de dados na França.

Advirto que as citações publicadas em língua estrangeira foram livremente traduzidas, para facilitar o acesso do leitor.

Parte I

I would prefer not to.
Herman Melville. *Bartleby, o escrivão:
uma história de Wall Street.*

*O ato fundador do romance americano, o mesmo
que o do romance russo, consistiu em levar o romance
para longe da via das razões e dar nascimento a esses
personagens que estão suspensos no nada, que só sobrevivem
no vazio, que conservam seu mistério até o fim e
desafiam a lógica e a psicologia.*
Gilles Deleuze, *Crítica e clínica.*

Introdução do problema

A conclusão com a qual se depara o leitor de *O inconsciente estético* é, no mínimo, inusitada. Nesse curto e notável ensaio publicado originalmente em 2001, no qual Jacques Rancière se debruça de forma sistemática sobre os *textos estéticos* de Freud, apresenta-se um exame que contradiz grande parte das leituras psicanalíticas que costumam se dirigir à arte: para o filósofo, e a despeito do caráter inovador das interpretações deixadas pelo pai da psicanálise, Freud teria escolhido *recuar* frente à emergência de uma "entropia niilista" que no entanto não deixou de perceber como nascente junto ao século XIX, e em cujo espírito ele próprio se insere para com isso operar suas escolhas explicativas de acordo com um princípio de razão psicanalítica, isto é, um *logos* que se deveria sobrepor, não sem alguma austeridade até, ao *páthos* inescapável da vida.

O sentimento de surpresa se deve ao fato de que não é incomum tomar em conta esses textos de Freud como resultado de uma crítica psicanalítica a mais sensível e preciosa. Haveria aí, ou ao menos na maior parte desse conjunto de escritos sobre a arte, o aguilhão mais sofisticado da reflexão "extraclínica" freudiana, ponto alto em que seu criador teria alçado toda uma leitura da cultura sem todavia psicanalisá-la, por um lado, e, por outro, sem tampouco se utilizar instrumentalmente de obras de arte como mera ilustração da teoria. *O poeta e o fantasiar* (1908), *O infamiliar* (1919) e mesmo *O Moisés de Michelângelo* (1914) seriam exemplos incontestes da guinada freudiana em direção a uma psicanálise não aplicada, já a essa altura mais amadurecida e menos preocupada com os aspectos psicopatológicos do artista, "doença infantil da psicanálise" (a expressão é de André Green) na qual Freud já teria caído com seu polêmico artigo sobre a lembrança de infância de Leonardo da Vinci, curiosamente publicado durante esse mesmo intervalo.

Não teríamos de admitir que, nesse tom de acerto de contas, Rancière cutuca uma ferida que sempre volta a sangrar na epiderme pós-freudiana?

> Por trás da "redução" do dado ficcional a uma inencontrável "realidade" patológica e sexual, há um questionamento polêmico que visa uma primeira confusão do ficcional e do real: a que fundamenta a prática e o discurso do romancista. Ao reivindicar o fantasma como produto de sua fantasia e refutar, através do princípio de realidade, o devaneio de seu personagem, o romancista se outorga a facilidade de circular, segundo lhe convém, por ambos os lados da fronteira entre realidade e ficção. A tal equivocidade Freud trata, em primeiro lugar, de contrapor uma univocidade da história. O ponto importante, e que justifica todos os atalhos da interpretação, é a identificação da intriga amorosa a um *esquema de racionalidade causal*. Não é a causa última – o inverificável recalque remetendo à infância inencontrável de Norbert [Rancière refere-se aqui ao personagem presente em *Gradiva*, de Jensen, interpretado por Freud por volta de 1907] – que interessa a Freud, mas o próprio encadeamento causal. Que a história seja real ou fictícia, pouco importa. O essencial é que ela seja *unívoca*, que oponha à indiscernibilidade romântica e reversível do imaginário e do real uma

disposição aristotélica de ações e saberes direcionada para o acontecimento maior de um reconhecimento (Rancière, 2009, p. 56-57, grifos meus).

Grosso modo, pode-se dizer que o objetivo principal da pesquisa é compreender as consequências filosóficas do amparo que Freud encontrou em determinadas figuras literárias ou em certas obras de arte para definir o campo de "aplicação" da teoria psicanalítica aos objetos que não seriam de sua *expertise*. Uma vez que elas ocupam um lugar estratégico na pertinência dos conceitos forjados por Freud ou, mais apropriadamente, na própria concepção do que se pode definir como interpretação psicanalítica – e sendo ela praticada dentro ou fora do consultório (sobretudo fora) –, tais figuras teriam se tornado fundamentais na construção de um edifício cujo andaime se traduziu pela via do inconsciente freudiano, que, como Rancière pretende mostrar, não era inédito.

Não obstante, e para verificá-lo, parte do pressuposto de que tais imagens são um testemunho "ótimo" da existência de uma relação do pensamento com o não-pensamento, isto é, da presença do pensamento em uma materialidade sensível na qual supostamente não haveria, imanência inadvertida de um no outro e em condição dialética que surge a partir de um certo estágio – por falta de outro termo mais adequado – do espírito humano. É dessa forma, portanto, que uma obra de arte seria pensamento que se apresenta como não-pensamento, ou seja, é pensamento em forma de corpo-de-obra, pois, do contrário, não seria obra de arte, mas, no caso, *Estética*. Ora, lidar com essa dimensão do não-pensamento é, além disso, colocar em jogo aquilo que Didier-Weill sugeriu a respeito da própria atividade de experimentação estética: toda obra de arte nos expõe logo de partida a uma sideração – algo que Freud procurou conceituar, em determinada altura, com sua noção de *Verblüffung*, e que se traduz na maior ou menor condição de uma obra em produzir um "desamparo da inteligência" no espectador. Com efeito, "se apenas pensamos", afirma o psicanalista, "não apreciamos a música" (Didier-Weill, 1999, p. 35). É só depois que nos ocorrerá a luz, ele dirá, é apenas uma vez passado o choque inicial que a inteligência começará a funcionar, ainda que um tanto atordoada. Essa participa, evidentemente, do processo de recepção; contudo, não é a inteligência, ou mesmo o pensamento – para já adiantar uma aproximação com a categoria que nos interessa –, que a determina.

Logo, nesse jogo da experiência estética, seria necessário, evidentemente, sentir antes de pensar. Porém, se se perde essa capacidade para a surpresa, de se "perceber" siderado diante de uma imagem de arte (e talvez essa seja outra maneira de entender a "suave narcose" aludida por Freud em relação à obra); se se perde, enfim, a capacidade de se surpreender diante da experiência, eis o aparecimento do tédio (um primeiro nada, vazio que não deixa aberta a ferida para a reflexão, mas apenas nadifica o que poderia ser produção). Assim o tédio nos acomete pelas brechas cavilhadas pela incapacidade para a surpresa (e que se refere a algo do infantil que permanece, certamente) e nos retira o entusiasmo. Do contrário, o que a experiência com o artístico promove seria justamente a tentativa de nos catapultar dessa condição pela via de uma verdadeira invocação: "Sim", responde à arte o sujeito do inconsciente, "em ti estou em minha casa, e em mim estais em sua casa" (Didier-Weill, 1999, p. 103).

Dois inconscientes em jogo

Retomemos mais de perto a tese do filósofo: as condições de possibilidade do inconsciente freudiano se devem, em grande medida, se não em sua totalidade, ao que ele chama, justamente, de inconsciente estético. Tal inconsciente teria sido inaugurado junto com a modernidade e, obviamente, de acordo com condições históricas determinadas e não dificilmente localizáveis, embora com a particularidade de que isso se tenha dado em certo regime do pensamento no qual haveria uma irrestrita abertura para a coexistência de paradoxos no modo de encarar a arte. Além disso – continuemos com Rancière –, esse regime estético, que suportaria o inconsciente estético, surgiu em contraposição a outro regime, aí classificado como "representativo" ou "clássico", e que por sua vez funciona a partir de uma hierarquia preestabelecida de temas e modos de composição que procuraria excluir, da fatura artística, quaisquer rastros de ambiguidade.

A fim de o revelar, o autor se apoia em "dois Édipos" escritos depois de Sófocles. São eles o de Pierre Corneille e o de Voltaire – lembrando ainda que não são os únicos:

a) No século XVII, por exemplo, o primeiro cria uma narrativa de Édipo que suaviza o caráter trágico da peça, visando adaptá-la ao gosto da época e, assim, recuperar-se de seus fracassos literários mais recentes. Para compor sua versão, contudo, Corneille mexe em três elementos fundamentais da história original: exclui a cena dos olhos furados; suprime o *excesso* de oráculos; e aumenta sua "tramicidade" por meio de um jogo de esconde-esconde que substitui a verticalidade por uma escritura que marcaria o início do drama burguês: estaríamos aqui diante de um Édipo *domesticado*.

b) Já no século seguinte, Voltaire defende a tese de uma *inverossimilhança* que estaria presente na obra de Sófocles; logo, para deixá-la mais crível, inventa um novo assassino, que não seria Édipo, mas Filocteto. Com isso Voltaire procura suprimir da narrativa todo um *páthos* do saber, isto é, *páthos* que se encontra na ambição do herói em saber o que seria melhor não saber, mas também em sua ambição de "não querer" ouvir o que lhe vai sendo revelado a torto e a direito nas pistas da sequência narrativa. Tratar-se-ia, portanto, de um Édipo *absurdo*.

A partir disso, é como se ambos os escritores, ao mesmo tempo que desaprovam esse herói impossível, acabassem desaprovando também toda a psicanálise – a "edipiana" ao menos –, ao mostrar o quanto haveria, aí, de falseamento em suas próprias origens figurais. Nessa medida, mas deslocando a questão até Freud, é como se fôssemos obrigados a dizer que o complexo de Édipo não seria "factível", por assim dizer – o que é óbvio –, mas não apenas: a ideia nos autoriza pensar, ao fim e ao cabo, que o complexo não seria possível sequer no inconsciente. Assim, tais exemplos conduzem, ainda que por uma via indireta, a um sério questionamento acerca da universalidade do Complexo, uma vez que ele seria derivado de um personagem "defeituoso" tanto quanto o tema e a ordem representativa que regem o drama deliberadamente escolhido por Freud a fim de fundar o edifício de sua obra.

Com efeito, parece não ser cabível ao espírito clássico-representativo a existência dessa enorme identidade de contrários, espaço onde o *páthos* convive com o *logos* e não se opõe a ele; esse maior teor de ambiguidade ganhará sua força plena apenas no momento seguinte, em que o advento do romantismo se espalha pelo século XVIII. Nessa medida, Rancière destaca a situação histórica quando da invenção da psicanálise, já que teria surgido em um ponto de convergência temporal muitíssimo particular, a saber, momento no qual filosofia e medicina se colocaram reciprocamente em causa "para fazer do pensamento uma questão de doença e da doença uma questão do pensamento" (Rancière, 2009, p. 26). Nessa perspectiva, a psicanálise nasce no exato momento em que os heróis filosóficos são Schopenhauer e Nietzsche, pensadores que procuram estabelecer, mais precisamente, o que haveria de não-pensamento no interior do pensamento, ou melhor, em que medida residiria um *páthos* no seio do *logos* e vice-versa e de modo a fazer com que o homem mergulhe de uma vez por todas no dado "puro" do "sem-sentido da vida bruta ou no encontro com as forças das trevas" (p. 33).

Teríamos afinal de concordar que, quanto a isso, Freud, "apesar de seu apreço pela transgressão das normas estabelecidas, dos cânones, sejam eles científicos ou literários" (Chaves, 2015, p. 21), apoia-se num procedimento puramente racionalista (e quase obsessivo) quando se aventura nos fenômenos estéticos? (E porventura não somente acerca desse tema?)[1] Em seu prefácio para *Arte, literatura e os artistas*, compilação

---

[1] Serge Cottet (1989, p. 122) certamente discorda de uma posição tão "pragmática" como essa e sugere, após separá-la em dois tipos, que a aposta em uma renúncia (às paixões, ou às pulsões, sabe-se lá) seria encarada por Freud como um ato de covardia. Lacan ([1964] 1998, p. 34), mesmo aquiescendo a uma suposta "redução racionalista" feita por ele enquanto se dedicava aos problemas de cunho metafísico em sua obra, diria que Freud jamais perdera a elegância necessária para alcançar um nível mais alto nessas teorizações.

temática desses ensaios dedicados à arte, Ernani Chaves ressitua, a partir de um depoimento de Max Graf, pai do pequeno Hans, justamente aquilo que haveria de se tornar "lugarcomum na recepção posterior" da interpretação freudiana da arte, ou seja, o caráter um tanto "racionalista" de seu conceito de inconsciente (Chaves, 2015, p. 8). Ainda assim, é preciso ter em vista que o julgamento de Graf se refere mais ao "método patográfico" da análise freudiana, cujo estilo teria se vulgarizado, na esteira do estudo sobre Leonardo da Vinci, sobretudo com Otto Rank, Ernst Kris, René Laforgue e a princesa Bonaparte; como se poderá observar, contudo, a crítica de Rancière está a anos luz de leituras como essa...

Já em um sentido mais geral, ou seja, não restrito ao problema artístico, há a posição igualmente estereotipada que defende a *persona* de Freud como sendo uma síntese perfeita entre "sombra e luz" – é o caso de Roudinesco (2015), na esteira de Yovel (1993) –, juízo dialetizante que chegaria a ponto de situá-lo como um *herdeiro direto* de Nietzsche *a despeito* do que pensam os nietzschianos (Roudinesco, 2015, p. 249). Pertinente ou não, a acusação de que teria caído numa hipertrofia da racionalidade[2] se revigora e continua sendo levantada em certos comentários deleuzeanos "pós-*Anti-Édipo*", incluindo-se a obra freudiana não limitada à recepção estética somada aos ensaios que virão depois de *Além do princípio de prazer*. Em *Crítica e clínica*, por exemplo, Deleuze (2011, p. 94, grifos meus) já adiantava a provocação quando sugeria que "a psicologia [e a psicanálise, que ele precisará melhor na sequência] constitui sem dúvida a *última forma do racionalismo*".

No rastro de uma indagação de mesma ordem, o que motiva fundamentalmente o percurso de Rancière não é,

---

[2] Por sua capacidade elucidativa, sirvo-me dessa expressão de Marcio Suzuki (1998, p. 63) que, originalmente, não se direciona à psicanálise.

contudo, "saber como os conceitos freudianos se aplicam à análise e interpretação dos textos literários ou das obras plásticas" – leia-se, no sentido de sua maior ou menor eficácia –, ou ainda estabelecer uma genealogia da concepção psicanalítica de inconsciente; trata-se, ao contrário, de procurar entender "por que a *interpretação* desses textos e obras ocupa um *lugar estratégico* na demonstração da pertinência dos conceitos e das formas de interpretação analíticas" (Rancière, 2009, p. 9, grifos meus), tendo em vista as relações de "cumplicidade e conflito" (p. 43) que se estabelecem entre a noção freudiana de inconsciente e a proposição de um *inconsciente estético*, sem naturalmente se esquecer do *Zeitgeist* médico-científico no qual teoria e prática psicanalíticas surgirão. São *figuras*, portanto, que se formam com as interpretações de Freud, figuras que não deixam de expressar sua pertinência *específica*, em se tratando de psicanálise. Em outras palavras, e em "sua ampla generalidade", tais imagens serviriam para provar que "existe sentido no que parece não ter, algo de enigmático no que parece evidente", leia-se, "uma carga de pensamento" naquilo que poderia ser, à primeira vista, "detalhe anódino". A rigor, elas não são "o material com que a interpretação analítica prova sua capacidade de interpretar as formações da cultura", mas sim o testemunho inequívoco "de uma certa relação do pensamento com o não-pensamento, de certa presença do pensamento na materialidade sensível, do involuntário no pensamento consciente e do sentido no insignificante" (p. 10-11). *À la* Freud, traduz-se: *eine andere Schauplatz* – há outra cena na qual reina o regime do inconsciente, fazendo bascular pensamento e não-pensamento no mesmíssimo lugar.

De acordo com essa visão, conquanto a posição freudiana venha a ser considerada, no âmbito geral, como não racionalista e antipositivista, ela não escapa (é o que se verifica, também, com a crítica de Deleuze) de se apoiar em sua própria racionalidade ao olhar as coisas do psiquismo *apesar* daquilo que informa a arte correspondente desse olhar, da qual o psicanalista infere, aliás, suas conclusões as mais "científicas". Ora, é verdade que há um inconsciente do detalhe, e todas as escolas pós-freudianas, de Klein a Lacan, fiam-se rigorosamente nele; todavia, é também preciso reconhecer que esse inconsciente freudiano só é possível porque já existiria, "fora do terreno propriamente clínico, certa identificação de uma modalidade inconsciente do pensamento" (Rancière, 2009, p. 44), um território que se pode definir sem mais rodeios de *estético* e que se insere num regime igualmente estético a fim de resguardar uma dada concepção de inconsciente: inaugurado sob a pena de Flaubert ou Balzac, trata-se de um regime que não separa ou hierarquiza os assuntos da arte, recusa-se a fazer digladiarem temas "nobres" e temas "vulgares", da mesma maneira como aceita sem grandes reservas a larga "identidade de contrários" que começa a incidir com cada vez maior estridência na síndrome da artisticidade europeia. Ora, é que nesse momento já estamos sob a égide do idealismo pós-kantiano, no qual *as coisas da arte podem ser encaradas como coisas do pensamento*, seguindo uma linhagem do que já vinham propondo escritores (românticos) como Schlegel, Hegel em certa medida e, sobretudo, Schelling.

Eis, por conseguinte, a principal condição de possibilidade[3] que daria margem ao surgimento da psicanálise: um regime propriamente estético que revoga o anterior (chamado

---

[3] Embora Rancière insista em dizer que não se trata de uma genealogia e que a noção freudiana de inconsciente não deve ser dissolvida numa "ideia secular do saber" (Rancière, 2009, p. 43), a "elaboração de uma nova medicina e de uma nova ciência da *psyche*" foi possível "porque existe todo esse domínio do pensamento e da escrita que se estende entre a ciência e a superstição" (p. 45).

por Rancière de *representativo*, em oposição àquele) para com isso descortinar uma reviravolta no mundo das artes. Em sendo estético e não "poético", nele se apagam antigas fronteiras ao coexistirem pensamento *e* não-pensamento no mesmo espaço, de maneira a permitir que uma teoria do inconsciente como a de Freud pudesse se forjar na exata medida em que seja correspondente à sua *lógica* de funcionamento – é sabido que "atemporal" e "desprovido de contradição" são condições estruturais da concepção freudiana.

Vale notar que essa revolução também pertence ao momento em que medicina e literatura se colocam em questão uma para a outra, uma pela outra: concomitantemente ao que o psicanalista verifica em seu corpo a corpo com a histeria, vê-se emergir o inconsciente psicanalítico nesta encruzilhada em que "filosofia e medicina se colocam reciprocamente em causa para fazer do pensamento uma questão de doença e da doença uma questão de pensamento" (Rancière, 2009, p. 26). Logo, o fato artístico passa a ser a identidade de contrários que essa arte recoloca em questão ao desrecalcar um *páthos* historicamente reprimido pelo *logos*. A suma feita por Löwy e Sayre acerca do romantismo ganha um efeito lapidar quanto a isso: sendo em sua natureza *coincidentia oppositorum*, o movimento pode ser entendido como "ao mesmo tempo (ou alternadamente) revolucionário e contrarrevolucionário, individualista e comunitário, cosmopolita e nacionalista, realista e fantástico, retrógrado e utopista, revoltado e melancólico, democrático e aristocrático, ativista e contemplativo, republicano e monarquista, vermelho e branco, místico e sensual" (Löwy; Sayre, 2015, p. 19).

Pode-se reconhecer, nesse sentido, que, embora a dobradiça doença-pensamento tenha sua origem já na tragédia grega (*via* o próprio *Édipo Rei*, no caso), ela se vê a partir de então renovada por uma abertura para enxergar o *páthos* presente desde sempre no *logos* – estilo introduzido nessa mesma modernidade pela filosofia de Schopenhauer –, assim como o seu contrário, isto é, o corolário imanente de um *logos* no interior do *páthos*: afinal, se "há uma luta considerada como característica do freudismo é a que este trava para suprimir qualquer descontinuidade entre as ordens da normalidade e da patologia no campo da vida psíquica" (Raikovic, 1996, p. 11), uma vez que Freud jamais fixara uma linha de demarcação rígida que separasse o normal do anormal.

O nascimento da psicanálise se inscreve portanto no cerne de um contramovimento liderado por Schopenhauer e pelo jovem Nietzsche, com direito à companhia de Ibsen, Zola, Strindberg, Maupassant e mesmo Courbet, figuras que mergulham, já na segunda metade do século XIX, nas profundezas do "sem-sentido da vida bruta ou no encontro com as forças das trevas" para com isso tecer um inconsciente próprio e ao mesmo tempo resistente à vitória racionalista. Contudo, "não se trata apenas da influência de ideias e de temas de uma época", como acrescenta Rancière, mas "propriamente de uma *posição* no interior do sistema de possíveis definido por uma determinada ideia de pensamento e uma determinada ideia de escrita" (Rancière, 2009, p. 33). E essa ideia é tão fundamental quanto nítida, ao mesmo tempo que opaca: há um pensamento que não pensa, presença inequívoca do *logos* no interior do *páthos*; ora, o não-pensamento não é apenas "uma forma de ausência do pensamento", mas também uma "presença eficaz de seu oposto", pois, de um a outro, o fato bruto e insensato da existência humana caminha "da pura dor de existir à reprodução do sem-sentido da vida" (p. 33; p. 39).

Matt ffytche (2014, p. 13) demarca, com maior precisão, o surgimento do inconsciente *psíquico* "no limiar do século XIX na Alemanha [...] sob as asas do romantismo e do idealismo pós-kantiano". Que papel, enfim, tais ideais – leia-se, os ideais de autonomia e individualidade, ou de liberdade e autodesenvolvimento – teriam desempenhado no interior do pensamento de Freud? Assim, psicanálise e romantismo então se encontrariam, segundo aquele autor, na coordenada certeira desse conceito de inconsciente (tese que, de certo modo e um tanto curiosamente, vai na contramão do que defendera Lacan em seu famoso seminário sobre os quatro conceitos fundamentais da psicanálise).[4] São várias as correntes que se entrecruzam nesse caldeirão de bruxa que por sua vez passa muito rente ao conceito freudiano de inconsciente: ao vitalismo vigente se somam toda uma literatura e uma medicina românticas, incluídas aí as teses mesmeristas que surgiam a respeito do sonambulismo e do magnetismo animal, não sem deixar de misturar o ingrediente psicofísico, que andou lado a lado com uma filosofia da natureza que, de sua parte, inundava as mentes mais inquietas do século XIX. Como afirma Inês Loureiro, ainda que Freud tenha herdado, de fato, alguns de seus "temas, problemas e conceitos", apenas o faz na medida em que "os arranca de solo ontológico que lhes era subjacente" (Loureiro, 2002, p. 352) – o que não é sem consequências.

> Se o estilo romântico se caracteriza por um misto de reflexão e utopia, constatamos que falta a Freud a segunda dimensão: nele não se encontra qualquer resquício daquilo que denominamos "travo" romântico – a manutenção de uma nesga de esperança no absoluto.

---

[4] "O inconsciente de Freud não é de modo algum o inconsciente romântico da criação imaginante", defendeu Lacan; "o fato de Jung, relé dos termos do inconsciente romântico, ter sido repudiado por Freud", acrescenta, "nos indica bastante que a psicanálise introduz outra coisa" (Lacan, 1998, p. 29). Caberia mencionar, a esse respeito, que Rancière, cuja reflexão se desdobra de forma muito mais sofisticada, jamais equivale os dois inconscientes (o freudiano e o romântico), mas apenas traz à luz o fato de que um teria sido a *condição de possibilidade* para o outro.

Assim, conceitos como o de inconsciente ou noções como a de natureza, deixam de estar a serviço de um pensamento de cunho totalizante e harmonizador: ao serem apropriados por Freud e mesclados com outras referências, passam a integrar uma teoria que acentua, ao contrário, a fragmentariedade, a provisoriedade, a cisão e o conflito irredutível (Loureiro, 2002, p. 352).

Vê-se então reinar, em Freud, o cortante paradoxo: de um lado, um desejo de unidade e de totalidade; de outro, a consciência de sua impossibilidade. De uma forma ou de outra, é preciso reconhecer que também vigora, nesse contexto, a influência da ideologia liberal com a qual se defende a *autonomia* do indivíduo e em cuja demonstração de uma "vida de liberdade" deve imperar "acima de qualquer coisa", afirmando-se pelas vias da "autofundamentação", do "autodesenvolvimento" e da "autocriação" (ffytche, 2014, p. 43). Afinal, a concepção de um inconsciente "interno" estará sempre atrelada a certa noção de indivíduo que "contém" esse inconsciente – uma tese corrente desde o pensamento Fichte e que chega finalmente a Schelling:

> Um inconsciente que está estruturalmente associado ao consciente; a tensão ontológica entre a recordação e o esquecimento; um princípio de repressão; o enigma que envolve o nascimento do indivíduo; uma tensão conflitante no absoluto, ocasionando um dualismo de gênero, de espírito paternal e de base maternal; o desejo como um motor para a mudança; o desenvolvimento do self através de estados de crise e transfiguração; o interesse pelas origens e pelo trauma do passado; a tentativa de compreender a verdade do self por meio da experiência de sonhar e do sono magnético: todos estão presentes em *As Eras do Mundo*, e todos figuram na teoria psicanalítica do século XX, e no entanto não poderíamos chamar *As Eras do Mundo* de um texto "psicanalítico" (ffytche, 2014, p. 268).

Trocando em miúdos, ffytche propõe que o nascimento da psicanálise se deu na ambiência de um inconsciente flagrantemente *liberal*, ou melhor, sob a batuta de uma disposição ideológica que prega "individualidade e liberdade" em pleno século XIX. Com efeito, o inconsciente freudiano surge numa tensão entre interno e externo, mas nunca sem perder de vista o campo das complexas "patologias" que se inserem numa descrição ela mesma *liberal* da individualidade. Nesse sentido, a "visão convencional de Freud é que ele inverteu a teoria da natureza pessoal, de maneira que o Eu não é mais senhor em sua própria casa"; não obstante, "isso já tinha sido feito muitas vezes ao longo de todo o século XIX, no mínimo por Schelling, Schopenhauer, Carus e Von Hartmann", como sugere ffytche (2014, p. 333).

Restaria apontar, por consequência lógica, uma questão de difícil solução para a metapsicologia: como se torna possível integrar, por assim dizer, essa proposição da autonomia (liberal) àquilo que Freud viria a desenvolver, adiante, como *determinação* psíquica? E, na mesma perspectiva, o desejo seria continuidade da autonomia da "pessoa" ou ele se expressaria *apesar* dela? Embora não possamos prosseguir, pelo momento, com uma resposta à altura, pode-se adiantar que ela é certamente dialética e conflituosa, ou, ainda, *política*: "Na medida em que esse projeto mais amplo do século XIX tentou humanizar e estabilizar uma descrição do *self* que ficaria livre dos ornamentos do dogmatismo religioso e metafísico, e dotar uma natureza pessoal nocionalmente 'autônoma' de certa substância ou coerência interna própria", a "mudança de direção de Freud para a vida interior" já seria "em si mesma política" (ffytche, 2014, p. 331) e não apenas teórica, ética e estética.

Mas então "o psicólogo do inconsciente" deixaria de ser igualmente considerado um "filho autêntico do século dos Schopenhauers e dos Ibsens, em cuja metade ele nasceu", como arremata, nesse sentido, Thomas Mann? Se o século XIX fora tão "verdadeiro" a ponto de se poder vislumbrar "a mentira, a 'mentira da vida' como sendo inevitável" (Mann, 2015, p. 60), atesta-se a dívida simbólica de Freud também para com esses autores que o precederam. Aliás, não existe interpretação que possa "contestar a ligação manifesta entre o pensamento de Schopenhauer e a elaboração da psicanálise, essa inclusive afirmada pelo próprio Freud" (Sanekli, 2016, p. 53), que, como se sabe, reconhecia-o como sendo um dos principais precursores de sua concepção de recalcamento e, por conseguinte, de inconsciente.

> Involuntariamente fiel à tradição do romantismo negro, ele [Freud] abraçava a ideia dos trágicos gregos, segundo a qual o homem é o ator inconsciente de sua própria destruição, justamente em virtude de seu enraizamento numa genealogia de que ele não é senhor. Inversão da razão em seu oposto, busca da parte obscura de si, procura da morte em ação na vida: tal era efetivamente a natureza do mergulho efetuado pelo inventor da psicanálise na aurora do século XX, que Thomas Mann caracterizará pertinentemente, contrariando a opinião de Freud, como um "romantismo cientificizado" (Roudinesco, 2015, p. 100).

A escrita está aqui representada no sentido de uma *performance* da palavra, leia-se, certa "ideia da própria palavra e de sua potência intrínseca" (Rancière, 2009, p. 35). *Recusando-se a hierarquizar* os elementos que surgem no discurso dos sujeitos em análise por meio de uma atenção equiflutuante que não privilegia nenhum aspecto em particular no deslizamento do discurso, para com isso inverter a lógica do poder de cura, que passa então das mãos do médico para as do analisante *via* associação livre (Checchia, 2015; 2020; Leclaire, 2007), a psicanálise se inscreve no paradigma de um *tudo fala*, intuição genial a que Novalis dá forma quase premonitória frente à ruína do regime representativo antecessor. A ausência dessa abertura não permitiria a emergência de uma escuta sistematicamente descentrada que se tornaria o método por excelência da práxis freudiana – e não restrita apenas a ela.

No que tange ao trabalho dos escritores, abolem-se as predicações que costumavam verticalizar as temáticas disponíveis à criação. Balzac é exemplo ótimo[5] do que se forja com "essa nova racionalidade do banal e do obscuro que se contrapõe às grandes ordenações aristotélicas e se tornará a nova racionalidade da história da vida material oposta às histórias dos grandes feitos e dos grandes personagens" (Rancière, 2005, p. 56). De forma complementar, já o *"summum do realismo"* – é o que se lê no clássico *L'Art français, XIXe et XXe siècles: du réalisme à notre temps*, quando Schneider busca descrever a pintura de Gustave Courbet, metonímia do movimento – se caracterizaria por "perseguir esta realidade primeira que somos nós mesmos" (Schneider, 1930, p. 10): o que faz com que se tornem inequivocamente "estéticos" e *modernos*, nesse sentido, conceitos como os de *Unheimlich* (Freud) e *jouissance* (Lacan), na medida de sua capacidade de condensar, no mesmo *tópos*, a afirmação *e* a negação de si.

> A grande regra freudiana de que não existem "detalhes" desprezíveis, de que, ao contrário, são esses detalhes que nos colocam no caminho da verdade, se inscreve na continuidade direta da revolução estética. Não existem temas nobres e temas vulgares, muito menos episódios narrativos importantes e episódios descritivos acessórios. Não existe episódio, descrição

---

[5] É oportuno mencionar, nesse contexto, que, para Isabelle Meuret, por exemplo, além de grande mestre do realismo, Balzac teria redigido o testemunho visionário "de uma patologia na qual o desejo consome o corpo até a morte" (Meuret, 2006, p. 47) – no caso, refere-se à personagem de Henriette, que, em *La Comédie humaine*, seria uma anoréxica *avant la lettre*.

> ou frase que não carregue em si a potência da obra [...] Tudo
> está em pé de igualdade, tudo é igualmente importante,
> igualmente significativo[,]

desde que *fantasmatizado* (Rancière, 2009, p. 36-37). A potência do detalhe só pode emergir na medida em que carrega nas entrelinhas a virtualidade de uma enunciação, potência que todavia se atualiza no presente de um acontecimento a transformar "forma-formante" em forma-formada. Tal guinada representa uma reconfiguração significativa na estrutura mesma da palavra, já que o detalhe, aqui, é uma palavra *muda* inscrita como hieróglifo, enigma. Porque regrada conforme relações de abertura e fechamento que se definem reciprocamente, o caráter sintomático da palavra se torna irredutível em vista de uma dupla determinação: enquanto abertura, é indício, metonímia; como fechamento, apresenta-se em sua "pureza" silente, escondendo tudo aquilo que não se apreende na relação parte-todo, e assim administra o processo metafórico de condensação.

Dessa palavra muda e "escrita nos corpos", no geral "restituída à sua significação" por meio do trabalho interpretativo, emerge no entanto uma segunda ordem da palavra que já não é muda, mas *surda*, e certamente mais fatal que aquela: materialidade difícil de uma palavra-solilóquio que a rigor *não diz nada* a não ser das "condições impessoais, inconscientes, da própria palavra"; irredutível a toda hermenêutica, a palavra surda encaminha às potências anônimas e insensatas da vida, conjuga *signos de nada* (Rancière, 2009, p. 39-41; 77). Indomável, Rancière a define como "potência sem nome que permanece por trás de toda consciência e de todo significado, conquanto à qual seja preciso dar uma voz e um corpo, paradoxalmente, mesmo que essa voz anônima e esse corpo fantasmagórico arrastem o sujeito para o caminho da grande renúncia", isto é, "para o nada da vontade cuja sombra schopenhaueriana pesa com toda força sobre essa literatura do inconsciente" (p. 41). Essa mudança radical na ordem da palavra se delineia colada à travessia que vai do regime representativo ao regime propriamente estético da arte, transformação que pode ser diagnosticada como certa modalidade de doença (*páthos*) e que também tem o nome – entre outros – de Vontade, categoria sem a qual não podemos continuar, ainda que por ela passemos num breve sobrevoo panorâmico.

Vontade e nada: reação como progresso

A partir de uma experiência genialmente retrógrada, a metafísica schopenhaueriana teria corrigido a maneira ilustrada de considerar a história, e só depois que a justiça obteve esse grande resultado é que poderíamos continuar de novo empunhando a bandeira da ilustração – "a bandeira com os três nomes: Petrarca, Erasmo, Voltaire". "Da reação", diz ele, "nós fizemos um progresso."
Thomas Mann. *Pensadores modernos*, p. 17.

Segundo pensa Thomas Mann, coube à filosofia de Schopenhauer reinaugurar a constatação de que da negatividade se poderia extrair uma *potência*,[6] ela mesma desejante, ao partir do axioma que reduz[7] o mundo à Vontade, coisa-em-si da qual Kant não ousou "levantar o véu" (Bossert, 2011,

---

[6] Não nos debruçaremos, por falta de exequibilidade, na secular discussão que tensiona *poder* e *potência* – e que se iniciou certamente com Espinosa. Sugiro, não obstante, a "suma" publicada por Didi-Huberman (2017), que traz algumas questões pertinentes nesse contexto.

[7] "Reduz" no sentido de irredutível, evidentemente. Empregarei, ademais, o termo "Vontade" (*Wille*) com maiúscula para diferenciá-lo da vontade entendida como querer, ou seja, enquanto representação, em conformidade com o pensamento de Schopenhauer.

p. 266).[8] Embora apareça como *representação*, isto é, fenômeno correlato sob a forma da vida que permite a percepção de uma existência para o pensamento, a Vontade está logicamente fora do seu registro e, em iguais condições, não submetida ao princípio da razão – pressupostos que a definiriam como "substância sem fundamento" (*grundlos*). Uma vontade de nada e um nada da vontade já não começam a se esboçar desde então? Uma vez autodeterminada e fora das coordenadas espaço-temporais, logo *nada* mais é preciso; sem início nem fim, a Vontade *apenas é* em razão de sua incondicionalidade (*Grundlosigkeit*).

Contudo, não é possível que a Vontade sobreviva sozinha, pois qualquer força implica uma resistência ao se afirmar, exigindo contra-Vontade. E já que relacionado à ideia de vida, porque obviamente quer viver – "propulsor infatigável, impulso irracional que não possui o seu fundamento suficiente no mundo exterior" –, o imperativo da Vontade se revela em *Die Welt als Wille und Vorstellung* como tendo como *substratum* o sujeito, afirmando-se enquanto produto *objetivado* daquela. E, conquanto a vida seja o seu emblema pulsante, reduz-se a ser um pêndulo equidistante entre a insatisfação e o tédio: eis a síntese de um sentimento tão inclinado à melancolia e ao cinismo, resultado direto do cansaço generalizado depois das guerras napoleônicas (1814-1818) – como bem recorda o autor de *A montanha mágica*

---

[8] Embora teça uma série de críticas a Kant ao longo do seu mais importante tratado, Schopenhauer não abre mão da partição kantiana que divide *númeno* e fenômeno. Além disso, não deixou de reconhecer a aproximação feita por ele entre vontade e coisa em si, tendo em vista que Kant nos teria colocado, antes de qualquer outro, "no caminho dessa descoberta", isto é, a da Vontade finalmente compreendida como coisa em si, assim "mostrando que a atividade humana tem um caráter moral inegável, que ela é totalmente diferente e independente das leis do mundo fenomênico, e não poderia de maneira alguma ser explicada por elas" (Bossert, 2011, p. 138).

(Mann, 2015) –, e que tomara de assalto o espírito alemão no século XIX. Situação crítica em-si, a Vontade se revela como um "querer em disputa, em contradição, em desavença originária" (Barboza, 2005, p. 130) e, assim, inapelavelmente condenada a uma espécie de conflito autoengendrado.

De consequências significativas, tal paradoxo nos permite colocar uma questão de imediato, haja vista que a Vontade carregaria consigo esse pressuposto reflexionante de autodiscórdia: ora, se em permanente oposição, a Vontade seria então *consciente* e, mais ainda, consciente *de si*? Bem o contrário, responderia Schopenhauer, pois, como "impulso cego e esforço *inconsciente*", a Vontade se manifesta "em toda a natureza inorgânica, em todas as forças primeiras de que é tarefa da física e da química procurar conhecer-lhes as leis e das quais cada uma nos aparece em milhões de fenômenos completamente semelhantes e regulares, não mostrando nenhum traço de caráter individual" (Schopenhauer, [1819] 2005, p. 158, grifos meus). "Fruto de uma sarabanda energética", acrescenta Vartzbed (2003, p. 78) na mesma direção, "uma forma viável se desenha, uma forma cujas fontes permanecem, contudo, obscuras, retiradas de vista, inconscientes". Em paralelo à teoria psicanalítica, a Vontade estaria para o inconsciente assim como a representação para a consciência e, por conseguinte, pode ser entendida como *a mais íntima força natural e cega* e oposta à substância.[9] Não é preciso ir muito longe para perceber o quanto as teses de Schopenhauer adiantam a noção de conflito psíquico, tão cara a Freud. Teremos, contudo, de retornar a isso em momento seguinte.

Condenado a essa trágica condição, é como se ao sujeito restasse apenas uma saída: a negação da vontade.

---

[9] Cabe a pergunta: se impulso cego, como propõe o filósofo, ela ainda é Vontade ou se tornou instinto?

"É então evidente que a satisfação que o mundo pode dar aos nossos desejos", escreve o filósofo em sua obra magna, "se assemelha à esmola dada hoje ao mendigo e que o faz viver o suficiente para ter fome amanhã. A resignação, pelo contrário, assemelha-se a um patrimônio hereditário: aquele que o possui está livre das preocupações para sempre" (Schopenhauer, [1819] 2005, p. 409). Proposições dessa ordem poderão ser novamente constatadas nos *Aforismos sobre a sabedoria de vida* (1823), escritos pouco depois da publicação de *O mundo*: "a experiência não tarda a nos convencer de que a felicidade e o gozo são uma *fata morgana* visível apenas de longe, que desaparece tão logo dela nos aproximamos, ao passo que o sofrimento e a dor são reais, nos abordam diretamente e não esperam que nós os procuremos"; em suma schopenhaueriana, "o melhor meio de não ser infeliz" se traduz em "não desejar ser muito feliz" (Bossert, 2011, p. 125).

É notável o tom de *ataraxia* estoica em seu ascetismo, forma com a qual se expressa o nada da Vontade e cuja escapatória se viabilizaria com o abandono do querer, pois, nessa metafísica, o nada, assim como a decorrente "libertação do sofrimento", seriam "em última instância a simples negação da Vontade" (Brusotti, 2000, p. 14). O horizonte de sua realização tende portanto à recusa radical com a qual o homem poderá contemplar, já uma vez indiferente e advertidamente irremediado, a inelutável "farsa do mundo", a "futilidade de todos os bens" e o "nada de todas as dores" (Schopenhauer, [1819] 2005, p. 399-409; p. 414).

No que tange à *liberdade*, objeto da maior importância em sua obra, não seria a negação do querer-viver o seu ato mais eficaz? Não, de acordo com a interpretação de Thomas Mann, porque a única possibilidade seria aqui a *redenção* do homem, e jamais a liberdade, tendo em vista que ela é tão coisa-em-si quanto a Vontade. Em boa medida, é como se com isso Schopenhauer adiantasse o gérmen da sobredeterminação psíquica pensada por Freud: a felicidade, por exemplo, seria de fato impossível, e "o que se pode obter de mais elevado é um curso de vida heroico" (Mann, 2015, p. 137), apenas. Mas nem tudo está perdido: o filósofo considera, por outro lado, que uma "contemplação pura" facilitaria certas linhas de fuga para a liberdade, ou seja, com isso o sujeito se permitiria furtar-se do querer tangenciando suficientemente o nada, ainda que por um átimo de segundo... Pelo sim e pelo não, é preciso destacar que todas essas experiências convergem em um denominador comum: realizar a *grande renúncia*, o sacrifício de se deixar afundar no nada, pois, seguindo os passos de Schopenhauer, só poderão ser realmente felizes aqueles que logram aí... embora somente de forma parcial, é certo, já que não é possível "abandonar" a Vontade por completo. Quanto a esse aspecto, o livro IV de *O mundo* indica que

> agora já só esperam uma única coisa: ver a última marca dessa vontade aniquilar-se com o próprio corpo que ela anima; então, em vez da impulsão e da evolução sem fim, em vez da passagem eterna do desejo ao receio, da alegria à dor, em vez da esperança nunca farta, nunca extinta, que transforma a vida do homem, enquanto a vontade o anima, num verdadeiro sonho, nós percebemos essa paz mais preciosa que todos os bens da razão, esse oceano de quietude, esse repouso profundo da alma, essa serenidade inquebrantável, de que Rafael e Correggio nos mostraram nas suas figuras apenas o reflexo (Schopenhauer, [1819] 2005, p. 428-430).

Como, afinal, essa "negação da vontade podia provir da vida, que era, de um extremo a outro, vontade de viver?", indaga-se retrospectiva e astuciosamente Thomas Mann, na esteira do Nietzsche de *Genealogia da moral*; ao que Schopenhauer responderia, é provável, a plenos pulmões:

"Isso se tornava possível justamente porque o mundo era o produto de um ato da vontade, e tal ato podia ser anulado e suprimido por um ato negativo, um ato contrário à vontade" (Schopenhauer, [1819] 2005, p. 106). Porém, parece que já estamos diante de um novo paradoxo: aquilo que quer poderia simplesmente deixar de querer?[10] Se a negação da Vontade pode ser entendida, em Schopenhauer, como "um não querer mais viver, de forma que morrer passa a ser considerado um alívio em relação ao impulso que preserva a existência a qualquer custo" (Bassoli, 2015, p. 113), ela então se transforma em *afirmação da negação* na medida em que nega a si mesma (Cacciola, 1995).

Nesse sentido, a negação da vontade se torna igualmente uma negação do ser, o que faria dessa metafísica uma ontologia, ou, para sermos mais precisos, uma *ética* do ascetismo. Suprimir a Vontade significa não obstante a possibilidade de entrar em novo estado da matéria (Bassoli, 2010, p. 14), conservando ainda sua essência. "Se a vida carece de finalidade", avalia nesse sentido Georg Simmel, "dor e prazer têm valor em si mesmos, em que possuam uma significação que ultrapasse o momento em que são percebidos e sem relaciona-los com um fim situado acima deles" (Simmel, [1907] 2011, p. 76). Em última análise, a abnegação se definiria como aniquilamento *refletido* do querer (Schopenhauer, [1819] 2005, p. 410), redução traduzida pela renúncia dos prazeres e aceitação do sofrimento e da dor, que, a propósito, e a partir de Schopenhauer, deixaram "de ser um acidente do Ser para tornar-se *o próprio Ser refletido*

---

[10] Na opinião de Eduardo Fonseca, pesquisador da obra do filósofo alemão, trata-se de uma "autodecepção da vontade a partir dos meios do intelecto humano com o reconhecimento da nulidade de seus esforços continuados a partir da constante renovação dos desejos e do sofrimento causado por essa sofreguidão" (Fonseca, 2022, comunicação pessoal).

em sentimentos" (Simmel, [1907] 2011, p. 75, grifos meus). Ainda que a Vontade possa ser muito simples porque quer ou não quer a ponto de se dirigir ao marco zero de sua própria "afirmação", não há, em Schopenhauer – vale mesmo destacá-lo –, nenhuma *prescrição*, nenhuma voluntariedade quanto ao seu funcionamento.

Entretanto, um novo problema se impõe: como pode a Vontade negar a si mesma, se até então vimos que ela se caracteriza por ser pura afirmação? Schopenhauer estaria assumindo a existência de um nada absoluto? A resposta é um retumbante não, conquanto se exija alguma ponderação: com efeito, para ele o *nihil negativum* é impossível, o nada "relaciona-se sempre com um objeto determinado, de que ele pronuncia a negação", de modo a ser, portanto, relativo; e assim, "*um* nada só é pensado como tal em relação a um objeto positivo" (Bossert, 2011, p. 260), ou melhor, "todo nada é qualificado de nada apenas em relação a uma outra coisa" (Schopenhauer, [1819] 2005, p. 428).

Nessa perspectiva, contudo, se o nada absoluto é impensável em termos lógicos, seria ele um *não-pensamento*? E, se agora é *um* nada o que Schopenhauer está afirmando, estamos ainda no âmbito da Vontade? Já não teríamos passado ao plano representativo, isto é, ao querer? Uma tal relativização da Vontade dá abertura para que o conceito de *desejo* possa, finalmente, adentrar a cena.

Da Vontade ao desejo

Embora seja do *desejo como objeto* aquilo de que se trata fundamentalmente em Freud, tal como sugere Lacan ([1964] 1998, p. 20), esse conceito que de cabo a rabo atravessa a modernidade germina em uma história evidentemente muito anterior a ambos; como se sabe, de Platão a Plotino, passando por Sócrates, Aristóteles, Empédocles e pelos estoicos e epicuristas – isso para citarmos uma amostragem mínima de pensadores da Antiguidade –, o desejo avança até São Tomás de Aquino (para quem "o desejo é na medida daquilo que não está"), Kant (e sua "faculdade de desejar"), Schopenhauer e Nietzsche, chegando ao próprio psicanalista alemão e a seus pósteros. É preciso, nesse sentido, assumir que uma genealogia propriamente dita da concepção é de fato incabível, pois, na medida em que o desejo é, como propunha Espinosa, a *essência* do homem, "nada seria mais fútil e perigoso que reduzi-lo a uma simples definição" (Dumoulié, 2005, p. 9).

Tais ressalvas servem para indicar que a própria noção de vontade de vida com a qual percorremos até o momento pode ser entendida, sem grandes torções, como um resquício atualizado do *conatus* que coube a Thomas Hobbes introduzir na primeira metade do século XVII, conceito-base da *faculdade impulsionante* que vetoriza o sujeito em direção ao objeto. *Conatus* pertenceria ao espectro originário da vida e se expressa segundo o modelo da autoconservação – portanto não o deixando distante do que propunha, "monadologicamente", o próprio Espinosa, que, de sua parte, definia *conatus* como luta pela autopreservação ou "esforço" para intensificar a vitalidade da existência (Yovel, 1993, p. 361).[11]

De "Hobbes a Sade" vigoraria uma "cristalização da ideia de que[,] na sua condição natural, os homens são o lugar da manifestação de uma pluralidade indefinida de desejos [...] sem que haja nenhuma hierarquia, subordinação ou mesmo valorização", como indica a esse respeito Monzani (2015, p. 105). Haveria ainda no primeiro (Hobbes) uma relação entre desejo e verdade difícil de menosprezar, pois, fundante e indomável, é o desejo que aciona toda a máquina passional de um sujeito, revelando assim a sua verdade enquanto *páthos* – cujo rastro dialético em relação a um *logos* tanto nos interessa neste estudo. Para que haja pacto social, contudo, é preciso que os humanos saibam renunciar "aos próprios desejos irrestritamente considerados" (p. 112), a fim de dominar suas igualmente irrestritas possibilidades – e é nesse sentido que Hobbes teria identificado, de forma direta, o desejo com a trama dos afetos.

Inquietum est cor nostrum: em Malebranche, trata-se da inquietude que se desdobra e se afirma como a "faculdade da alma que chamamos de *vontade*", isto é, desejo "natural" e irresistível de *felicidade* (Monzani, 2015, p. 147, grifos meus). Em sua raiz, a humanidade já estaria dotada de uma insatisfação perene que nos faria pular, *ad aeternum,* de objeto em objeto... E assim o desejo, insistente por natureza,

---

[11] De acordo com Yovel (1993), um equivalente impreciso em Freud seria a libido, "energia psíquica fundamental", embora ela não se refira à autoconservação, mas a Eros, de acordo com a segunda teoria pulsional. Não é essa a minha escolha, como se pode observar ao longo do texto, como tampouco a de Dumouilé (2005).

projeta-se em busca de *prazer e repouso* que poderão apaziguar, com o tempo, essa inquietação. Pode-se notar que com Malebranche se verifica um pequeno avanço em relação a Hobbes, que, em boa medida, antecipou Schopenhauer.[12]

Locke, por sua vez, reitera o quanto essa insatisfação condiciona o sopro movente da existência – *uneasiness*, ele afirma. *Grosso modo*, o desejo (inquietude e desejo funcionam como sinônimos em Locke) seria então a falta de um bem que produz prazer; porém, desejo não equivale à vontade, aí: entendido como poder de volição, aquele se define enquanto o ato mental que dirige o pensamento para determinada ação (ou mesmo para uma abstenção dessa ação). Dessa forma, *uneasiness* é aquilo que leva à vontade, e não se confunde com ela.

Caberia verificar, por fim, que essas três categorizações compartilham mais ou menos um mesmo traço *energético* e *originário* quanto ao ser, pois exigem pensar em certa *constituição* que, em suma, se concatena a partir de um "princípio desejante" (Yovel, 1993). E, aprofundando essa linha de raciocínio, também se poderia dizer que, além de ser tratado como uma força irresoluta que se extingue apenas com a morte – isso ao menos desde o *Leviatã*[13] –, esse conceito *moderno* de desejo supõe o corolário inevitável da *ausência* de objeto.

Não obstante, é preciso igualmente perceber que essa gênese não é tão retilínea, pois, se por um lado o desejo "será encarado (de Platão a Freud, passando por Santo Agostinho,

---

[12] Um esquema para ilustrá-lo seria: desejo – inquietude – desprazer, de um lado; nada – quietude – prazer, de outro. Em larga medida, tal tese seria contrária à posição psicanalítica, uma vez que a negação se refere mais estritamente ao princípio de realidade e não ao princípio de prazer, afirmativo por natureza.

[13] Dumoulié (2005, p. 93) considera que a "primeira dialética antiplatônica do desejo" fora introduzida por Kierkegaard, para quem o desejo existe em função do objeto.

Descartes e Schopenhauer) como *desiderium*, uma carência, uma falta, um sofrimento, uma fraqueza ou uma possessão demoníaca", de acordo com Rodrigues Junior (2006, p. 329), por outro ele "será tomado (de Aristóteles a Nietzsche, passando por Lucrécio, Hobbes e Espinosa) por um apetite, uma potência positiva da existência, uma força atuante e afirmativa" *contrária* àquela. Esse avesso da primeira concepção de desejo aponta para a necessidade de relativizar a falta como sendo a origem, o que nos obriga a aquiescer frente à circunstância binária e de difícil conciliação em que se definiu, originalmente, o conceito – divisão que caberá a Lacan desfazer, subindo nos ombros de Freud e, sobretudo, de Hegel – para quem o desejo tem sua essência no Outro.[14] Conclusão: Freud leu Locke (ato que carrega historicamente o legado de Hobbes, Espinosa e Malebranche), mas no sentido de pensar a "felicidade" (as aspas servem para Freud, não para os demais) não mais como realização de desejo, mas como ausência de desprazer, ou seja, satisfação do princípio de prazer. Sim, Freud reconhece Locke, mas não se afasta dos pensadores românticos, e entre eles Schelling, em especial: em "Escritores criativos e devaneio", por exemplo, o psicanalista afirma que passado, presente e futuro estariam todos *reunidos* "no fio do desejo que passa através deles"; como corrente que emana do desprazer e força motriz da máquina,

---

[14] Como se pode notar, Rodrigues Junior situa o pensamento de Hobbes e Espinosa do lado da potência, diferentemente da opção que escolhi. E, em função de seu recorte, não será possível avançar nessa problemática específica, bem como no desdobramento que Lacan conseguirá fazer acerca da relação falta-excesso quando propôs seu conceito de gozo (*jouissance*). Por ora, bastaria apenas indicar que Lacan, ao introduzir essa noção, mexe com a definição que segue o traçado da falta para ressignificá-la junto ao problema do excesso. Em linhas gerais, para Lacan, o desejo se localizaria em um movimento pendular que vai da falta ao excesso e vice-versa. Quanto a Hegel, Didi-Huberman (2017) faz notar nitidamente tal origem na concepção de Lacan.

ele "parece ter alcançado uma extraordinária integração da *Naturphilosophie* com a escola de Helmholtz, tomando o interesse romântico pelas polaridades e tensões e alicerçando-os em um discurso positivo de energética, como em sua descrição de uma 'corrente contínua' de dia que, à noite, termina 'fluindo na direção inversa' e indicando 'a retirada da psique do mundo exterior'" (ffytche, 2014, p. 293).

Retomando, entretanto, o eixo condutor da discussão, deve-se advertir que o vocabulário schopenhaueriano não permite equivaler desejo e Vontade de maneira tão direta, sobretudo porque o primeiro (que o filósofo intitulou também como "decisão" em algumas passagens) pertenceria de forma mais estrita ao domínio da subjetividade; quanto a isso, declara Maria Lucia Cacciola (1994, p. 166): "a raiz do engano que faz com que a mente não filosófica pense ser possível dois atos de vontade opostos" reside precisamente numa "confusão entre o *desejar* e o querer", pois, mesmo sendo admissível desejar antagonicamente duas coisas, é possível *querer* apenas uma. A propósito, em sua obra maior, a palavra "*Wunsche*" aparece assim grafada na grande maioria das vezes, isto é, no plural.

Mas, apesar dessa constatação, não seria absurdo articular desejo e Vontade na medida em que um poderia ser o *vetor* da outra; e, em igual perspectiva, o caráter subjetivo do desejo em Schopenhauer não nos impede de considerar que uma tal derivação da Vontade já estaria presente, mesmo que de forma latente, sob o desígnio do *Wunsch* que em *Projeto para uma psicologia científica* (Freud, [1895] 1996) um Freud pré-psicanalista antevia. *Wunsch* (no singular), ali, consiste na tendência à "descarga total da Qn do sistema de neurônios impermeáveis" que age de acordo com as coordenadas de um *impulso* (*Drang*) maior a quem cabe motorizar a atividade psíquica. Indicaria, em resumo, certa conjunção de *estados* de desejo residuais deixados por experiências significativas passadas que, por sua vez, "engendraram uma satisfação" (Quinet, 2003, p. 67).

Freud sugeriu, no mesmo *Projeto* (Freud, [1895] 1996, p. 433), que a ativação desses estados é algo idêntico a uma percepção ou, a bem da verdade, a uma alucinação. A ação reflexa, por ser uma tentativa de reedição da experiência vivida, virá necessariamente a se desapontar quando encontra a nova satisfação, ainda que esta porte traços daquela, o que faz com que a dinâmica esteja presa no retorno em circuito a partir da impressão originária. Ora, com o *Projeto* Freud dava portanto os primeiros passos em direção a uma concepção própria e germinal de desejo, propensão que ele descreveu a partir do traço inscritor que antes se inoculara, de fora para dentro, na aparelhagem.

Porém, é somente com a *Interpretação dos sonhos* que se elevará o desejo ao estatuto de conceito propriamente dito; e Freud assim o faz segundo a definição rapidamente consagrada na qual o sonho se traduz em "realização de desejo", ainda que a fórmula tenha de se haver com a especificidade de que o desejo aí se encontra *recalcado* sob a forma de uma demanda, por assim dizer. Um tipo de realização como essa, e agora muito mais do que outrora sob o holofote, nunca é a realização de um desejo *inconsciente*, mas de uma aspiração pré-consciente ou mesmo consciente da qual o desejo se aproveitou para angariar sua *imagem*.[15] De forma esquemática, é como se em Freud *o desejo esteja para a Vontade schopenhaueriana; assim como a demanda, para a representação.*

A excitação decorrente da satisfação primeira – um excesso, portanto, e não uma falta – será permeada de percepção, da qual se retém um traço mnêmico que se encrava na realidade psíquica. Visa-se, por conseguinte, a identidade

---

[15] Aspiração, ânsia, vontade e querer são as tentativas de designar esse impulso em *A interpretação dos sonhos* (Freud, [1900] 1996).

dessa *percepção*[16] (e não de pensamento) junto à satisfação originária, ao mesmo tempo que se reinveste no traço perceptivo inicial que, lembremos, é apenas suposto. Quando a necessidade surge novamente, o psiquismo acessa a primeira marca, buscando todo um movimento de satisfação ou de prazer previamente fixado. "Uma moção dessa espécie é o que chamamos de desejo", declara o psicanalista já no começo do século XX, "e o caminho mais curto para essa realização é a via que conduz diretamente da excitação produzida pelo desejo para uma completa catexia da percepção." Freud está descrevendo um movimento, uma prospecção que "procurará recatexizar a imagem mnêmica da percepção e reevocar a própria percepção, isto é, restabelecer a situação da satisfação original" (Freud, [1900] 1996, p. 602), e o mais interessante a notar é que ele aponta sempre para uma imagem – o que a meu ver não é sem consequências, pois, como bem sugeriu Julia Kristeva (1993, p. 17, grifos meus), a "imagem possui a potência *extraordinária* de captar nossas angústias e desejos".

Temos então que a consumação do desejo (*Wunscherfüllung*), força motriz do psiquismo, funciona de acordo com o retorno alucinatório a um estado de satisfação que, a rigor, nunca existiu (por isso alucinado), mas que depende de um princípio de identidade de percepção; com efeito, o objeto se perde logo nas primeiras inscrições de satisfação – a própria inscrição se desbasta como que imediatamente –, e o que ficou em seu lugar poderia ser definido como um "furo causador de desejo". Houve, nesse sentido, uma primeiríssima experiência que trouxe satisfação – e que se pode chamar inclusive de necessidade, conforme teorizava Freud à época –, vindo a ela se acoplar uma experiência sentida

---

[16] Nesse sentido, Mezan (2002, p. 90-91) propõe que "o que o desejo deseja é uma identidade de percepção, à qual é indiferente que corresponda ou não um objeto externo".

como prazer. A satisfação se dará *via* diminuição da excitação, como se sabe, já que a tendência geral do aparelho é conduzir as intensidades ao nível da estase, isto é, a um *nada* em conformidade com as exigências do princípio de prazer – o que exige aproximar, de forma um tanto surpreendente, desejo e pulsão de morte.

Somente um desejo coloca o aparelho em funcionamento, de modo que então operará, em *uma vertente*, porque o objeto está de alguma forma restrito ou mesmo inalcançável. As moções desejantes nascem da ausência real do objeto e da consequente impossibilidade de atingi-lo, seja na realidade psíquica (local de morada do próprio desejo), seja na material.[17] Não se perde de vista, nesse contexto, que o desejo é de origem inconsciente, o que implica não podermos contar com uma satisfação plena, leia-se, a de que um determinado objeto pudesse enfim conjurá-lo – até porque a satisfação, e se é esse o caso, dá-se apenas de forma parcial, e, em razão de sua estrutura, no perímetro da realidade propriamente dita, e jamais, portanto, na psíquica.[18]

Dessa maneira, qualquer realização de desejo se efetiva unicamente sob a forma de fantasias, sonhos, sintomas ou alucinações (delírios também), em suma, toda uma ordem propriamente fantasmática da experiência humana; procura, ademais, responder ao *enigma das origens*, ao passo que indica um caminho possível para o prazer. Assim, o *stricto sensu* psicanalítico leva a entender que o par dialético desejo-falta dá origem a uma criatura siamesa: "Todo desejo nasce de uma falta, de um estado que não nos satisfaz, portanto é

---

[17] Lacan vai insinuar uma "passagem" do desejo à demanda em razão disso.

[18] Assim como o nada é impossível, o tudo também é: Freud designa a *Wunscherfüllung* para definir a consumação do desejo, enquanto a *Wunschbefriedigung* indica a sua realização.

sofrimento, enquanto não é satisfeito" – afirmara Schopenhauer ([1819] 2005, p. 323) bem antes de Freud; "nenhuma satisfação dura; ela é apenas o ponto de partida de um novo desejo". Nessa medida, desejo e falta seriam inaugurados no mesmo momento "lógico", tendo em vista que a realidade psíquica, necessária e faltante, mobiliza como resposta logo ao se constituir a moção de um desejo que visaria obturar o vazio. Tal moção, por sua vez, funciona segundo a mecânica do retorno: uma vez urdido o aparato, o sujeito do inconsciente (para utilizar a expressão consagrada por Lacan) perseguirá daqui por diante as vicissitudes causantes de seu desejo, ou melhor, sua causa *evanescente*. Correlato desse desejo, o fantasma encontra enfim o palco privilegiado para sua atuação e realização: "Na fantasia, como no sonho", lê-se com Renato Mezan (2002, p. 91), "os desejos não precisam se realizar porque já estão sempre realizados".

Ao fim e ao cabo, é como se o desejo não pudesse ser designado, mas apenas inferido. Ele é "puramente desejo", arremata nesse sentido Quinet (2003, p. 78), "sem qualificativos, sem atribuições, sem dono, sem nome". Tendo em vista todos os paralelos que pudemos desdobrar até o momento, seria afinal o desejo um conceito a ser pensado como coisa-em-si, tal como se comporta a Vontade em Schopenhauer? Seria o desejo uma categoria não apenas metapsicológica, mas igualmente *metafísica*? Se tomarmos Freud ao pé da letra, a resposta será não, pois o desejo é inscrito, ou seja, inaugura-se junto a uma experiência anterior e materialmente válida de satisfação e prazer – um *excesso* que induz a uma *falta*; nesse sentido, não há como não haver *inscrição* da letra desejante, mesmo considerando a mais precária das estruturas psíquicas hipotetizáveis. É o que Lacan já bem apontara: mira-se o desejo (que aqui fazemos equivaler, *grosso modo*, à Vontade), atinge-se a demanda (o fenômeno).

Por outro lado, como pensar na concretude do humano a partir de uma nulidade do desejo, signo schopenhaueriano da negação pura da Vontade? Com isso, é preciso considerar, no interior do pensamento de Schopenhauer, um paradoxo que em boa medida se torna observável *com* Freud em virtude do seguinte paralelo: o ascetismo, negação possível da vontade proposta pelo filósofo, é apenas uma resposta material para uma questão não material (metafísica), que, mal comparando, pode ser pensada na mesma chave da relação entre o desejo (leia-se, *realidade psíquica*) e o seu "objeto"[19] que se presentifica *fora* dessa mesma realidade, conquanto carregue suas marcas internas. Em outras palavras, uma vez que o desejo é perene e nunca se cansa – Freud não é o único que chegou a essa constatação, claro –, ele se expressa inelutavelmente em sua insistência, persistindo no tempo e no espaço, assim como se dá com a Vontade. Entretanto, a provocação que este estudo visa expressar é: diante desta insistente perenidade, como ficam a coisas do psiquismo quando o *nada* entra em cena?

Além disso, é impossível excluir dessa problemática a importância do conceito de pulsão, uma vez que a articulação entre o desejo e a pulsionalidade é não contingente, isto é, não pode deixar de abranger, ainda que de forma indireta, a dimensão sexual do aparelho psíquico proposto por Freud. Luiz Hans sublinha, a esse respeito, que o *Wunsch* pode ser considerado representante *e* representação da pulsão, operando em seu lugar na mesma conjuntura em que lhe garante uma forma. Se avançarmos no cerne do funcionamento, verificaremos o quanto a estrutura *independe*, paradoxalmente portanto, desse mesmo sexual: ao passar do

---

[19] As aspas se devem ao caráter *metafórico* do objeto: em termos práticos, a psicanálise nos encaminha a pensar mais numa "atmosfera objetal" do que num objeto propriamente dito, como veremos na sequência.

processamento primário ao secundário (como é o caso do bebê que alucina a experiência de satisfação originária, leia-se, o seio, para mais tarde encontrar a mamadeira), a moção de desejo (*Wunschregung*, isto é, desejo combinado a uma força ou ímpeto, *Drang*) "subtrai a libido" para se transformar e um "*pensar-que-almeja*", uma vez que esteja consciente de "que o objeto não está presente" (Hans, 1999, p. 104). Em outros termos, trata-se de uma característica que aproximaria o desejo de uma condição mais "pura" e talvez mais próxima da Vontade tal como aventada pelo filósofo alemão.

Inegável paradoxo, mas do qual Schopenhauer ([1819] 2005, p. 309, grifos meus) esteve plenamente consciente: "O que o homem quer realmente, o que ele quer no fundo, o objeto dos desejos do seu ser íntimo, a finalidade que eles perseguem", argumenta em *O mundo*, "não há ação *exterior*, nem instrução que possa mudar". É claro que, ao dizer "*exterior*", Schopenhauer ambiciona a resolução de uma questão filosófica; é preciso considerar, apesar disso, que a resposta tampouco se encontraria no *interior*, ao menos psicanaliticamente falando, já que a separação entre realidade psíquica e realidade material se compara à relação que se estabelece entre duas retas assíntotas. Pelo momento, lembremos que o filósofo concluiu que certos motivos poderiam mudar o querer, embora nunca haja mudança na Vontade em si: "os motivos poderiam modificar a direção de seu esforço, conduzi-lo, sem mudar o objeto da sua procura, procurá-lo por novas vias", declarou. Desse modo, a interferência de elementos externos tais como inteligência e conhecimento poderia somente indicar o quanto a Vontade "usa mal os seus meios" (p. 309-310). O sistema está fechado por cima e por baixo.

O destino trágico do desejo se desenrola ao longo de uma vida e, se se está sob o efeito de uma psicanálise, por exemplo, ao seu final tais objetos "perdidos", "suportes do fantasma", surgirão "sob a luz que lhes é própria, a saber, aquilo que não se deixa apreender: o *nada*" (Chemama, 1995, p. 46, grifos meus). Assim, um próximo passo a dar nos obriga a articular diretamente os dois problemas investigados até o momento, quer dizer, desejo e nada, pois, "se o objeto é evanescente, é ao *nada* que, em última análise, o desejo se refere, como causa única". Ora, se concordarmos com esse posicionamento de Roland Chemama, então desejo e nada, incomodados um pelo outro, passam a se friccionar em uma dupla via, gerando um novo dissenso: 1) de um lado, formariam uma espécie de circularidade, porque é ao nada que, no limite, o desejo se lança, assim como dele partiu; 2) de outro, os termos se oporiam radicalmente, no sentido em que este é fundante daquele, mas do qual surge, a rigor, como sua antítese. Nessa perspectiva, é como se desejo e nada residissem no substrato inconsciente onde reina a ausência de contradição, isto é, o local privilegiado onde as representações se agrupam como *não-pensamento*. O que significa reiterar que em sua condição originária o desejo parte do recalcado: enquanto o processo primário o admite (onde é pura Vontade, por assim dizer), o secundário o inibe (ou seja, aqui ele é reprimido, deslocado e condensado, enfim, deformado, mas ainda assim presente).

E seria possível dizer o mesmo do nada? A resposta tende a ser afirmativa, já que, sem o recalcamento do nada, é bem provável que a realidade psíquica nem sequer adentrasse o regime do pensável. De acordo com Marie Cariou (1978, p. 72),

> O desejo é condicionado desde a infância por uma mediação: a intervenção do outro; daí a necessidade de lembrar ainda esse "lugar", tornado lugar-comum, da psicanálise: que a experiência infantil é decisiva na constituição do desejo, precisando-o, sob dois aspectos: 1) porque a imagem do objeto que permitiu a satisfação é valorizada definitivamente e será determinante na

procura ulterior das ocasiões de satisfação ("ocasiões", e não absolutamente objetos pois o que é evocado aqui é toda uma atmosfera afetiva e não um objeto particular); 2) porque o meio de descarga (por exemplo, o grito da criança) que provocou uma intervenção exterior será compreendido definitivamente como meio de comunicação na origem dos fluxos que estruturam toda relação.

Como referido, esse processo não poderia, contudo, levar "senão à insatisfação porque a experiência alucinatória, incompatível com a realidade, engendra o sentimento de um fracasso", obrigando o eu a "ajustar o desejo à realidade", levando à sublimação, por exemplo. Haverá, por conseguinte, desvios para que se componha o fantasma; e assim o pensamento – vê-se com o Freud da *Interpretação* – será justamente esse *desvio que funciona como substituto do desejo*. Mas acontece que o "desvio não leva tampouco à satisfação que se esperava pois, nesse caso, o prazer perde em intensidade o que ganha em realidade. A alegria de satisfazer um instinto que permaneceu selvagem, não domesticado pelo ego, é incomparavelmente mais intensa do que a de satisfazer um instinto domado". Conclusão: "não se pode dizer do desejo que ele é sempre insatisfeito, mas que é sempre satisfeito diferentemente de como o deseja" (Cariou, 1978, p. 75-76).

Como sugerem, de outro modo, Safouan e Hoffmann (2016), o "seio que se furta às satisfações que o aleitamento dá" se encontra num intervalo "definido por este duplo 'nem': nem objeto de necessidade, nem signo de amor", tendo em vista que a inscrição desejante se apoia no seio conquanto o ultrapasse. Para retomar o vocabulário schopenhaueriano, podemos dizer que, ao se inscrever, o seio já se afirmaria em seu divórcio do "mundo como representação", de modo a "provocar" o sujeito como sendo algo mais próximo de uma coisa-em-si, mas não sem agir como a causa de uma falta à qual *nada* poderia responder. Ora, é justamente esse nada "que funciona como causa ou, se quisermos, como um objeto, mas como um objeto que funciona como fundo, o que lhe vale a denominação de objeto *a*" (Safouan; Hoffmann, 2016, p. 18), conforme propõem os autores numa esteira conceitual costumeira ao lacanismo.

A meu ver, valeria aprofundar um pouco mais essa ambiguidade: como pode o seio se impor como objeto se ele se furta, ou seja, se é apresentado como um "nem"? Por outro lado, como um objeto pode ser a causa de uma falta que não existe, isto é, inscrever-se como coisa-em-si? Por que, enfim, há essa tendência na psicanálise a insistir numa *objetificação do nada*, e que em muitos autores (Safouan e Hoffmann não são os únicos) se disfarça sob a hipótese do objeto *a*?

A meu ver, o desejo teria então menos a ver com o par falta-excesso do que com o nada, o que não é comum em termos propriamente analíticos: se o objeto visa obturar o vazio, ele o faz somente na condição de *recolocar o nada* no jogo psíquico. Se *em si* o desejo é faltante, sua dialética mobiliza uma oposição não contra a lei, mas *contra ele mesmo*, já que "contém" a falta de antemão. Se o desejo se falta, e essa falta pode ser remetida a um outro como "carência, ausência de, lacuna" ou, mais paradoxalmente, "como excesso, transbordamento, inchaço" (Cariou, 1978, p. 53),[20] antes se supõe que *nada* esteve ali de antemão. Talvez seja ainda possível pensar que a angústia, que Lacan entendia ser "a falta da falta", equivaleria a esse nada cuja "substância" venho procurando isolar com esta pesquisa: no seminário sobre a ética, por exemplo, o psicanalista sugeria que a pulsão de morte se articula não apenas à destruição pura e simples, mas também à vontade de criação, que, para ele, justamente,

---

[20] Tomar o desejo como excesso é talvez uma posição que se inicia com a escatologia de Georges Bataille, como indica Dumoulié (2005), chegando até o conceito lacaniano de gozo.

parte de nada, sendo então a possibilidade dos recomeços e, de modo mais preciso, vontade de Outra-coisa (Lacan, [1959-1960] 1997, p. 260).

Poderíamos também, a fim de tentar ultrapassar essa dificuldade, separar um "desejo de" de um "desejo apenas". Para o primeiro, sendo desejo de objeto ou desejo de *imagem*, como vimos, sempre haverá falta. Com respeito ao segundo, trata-se, por outro lado, de um *ir aquém*, isto é, movimento "reduzido à sua dimensão essencial" de uma atmosfera objetal que seria *quase liberta da fascinação* do objeto, tal como propõe Serge Leclaire (2007, p. 41), de forma mais radical. Nesse sentido, um dos principais preconceitos dos quais nos devemos livrar, em psicanálise, direciona-se particularmente àquela maneira "de considerar a tensão do desejo conforme o modelo do apelo de uma necessidade, dirigido para a expectativa de um objeto capaz de preenchê-la. Ora", conclui a esse respeito o autor, "não é nada disso que nos propõe a psicanálise pois *o desejo inconsciente aparece ali como uma fórmula* que surpreende por sua singularidade, por vezes absurda, construída como uma figura de deus egípcio"; e tal fórmula visa muito mais persistir ou *insistir* "repetindo--se, com todos os seus enigmas, do que se saturar, se saciar, ou se suturar de alguma maneira" (Leclaire, 2007, p. 45).

Assim, originariamente falando, caberia à concepção psicanalítica de desejo ser entendida em anterioridade ao complexo de castração, ou seja, como *sem predicado*, mais próxima do em-si e em seu mútuo parentesco com a Vontade e com o nada, o que poderia inclusive facilitar o deslizamento significante entre uma concepção e outra. No limite, já não estamos mais em condições de pensar que o que faltaria é um objeto: o simbolismo da castração "coloca precisamente ênfase sobre essa falta que não é absolutamente falta de um objeto, mas *ausência de adequação* entre nossos mitos e nossas condutas. O desejo se completa sem nunca se realizar na recriação de tipo alucinatório de percepções que são como os signos de uma satisfação primeira" (Cariou, 1978, p. 71-72, grifos meus). É chegado o momento (um tanto surpreendente) em que desejo e nada parecem estar em situação mais íntima do que nunca, pois indicariam o início e o fim de um *não-ser* – e portanto não de uma falta-a-ser, como a certa altura sugeriu Lacan.

Recapitulando: temos num primeiro movimento a ideia (desde a tradição platônica) de que o desejo operaria como uma "necessidade" interna que retiraria o aparelho do repouso, estado que a propósito foi conquistado após uma satisfação (sempre parcial, é claro) das moções desejantes (e que equivale a dizer que consiste em um circuito fechado em retorno constante). Em Schopenhauer, nesse mesmo sentido, a Vontade tampouco se satisfaz, de modo que o objeto (leia-se, uma representação) nunca será suficiente em virtude de a Vontade "ser" em-si. Tal qual a gravidade, jamais encontra seu ponto-de-basta, pois, em termos físicos, por analogia, a queda do objeto não cessa com o encontro do ponto zero – ou o objeto cairia infinitamente, ou o zero é encontrado e então a força se anula... Ora, se a Vontade é "sem extensão" (Schopenhauer, [1819] 2005, p. 324), e se o desejo é uma *ficção* cuja mecânica exige alívio (*Befriedigung*), logo, não seria o caso de assentir que a própria satisfação (que responde à exigência do princípio de prazer) seja uma espécie, ainda que relativa, de negação *interna* da Vontade?

A vida pulsional foi trazida ao debate porque, além de ser uma marca erógena (corporal), representa a tendência psíquica à descarga total das intensidades. Nada é mais perigoso, nesse sentido, do que tentar equivaler a metapsicologia freudiana à metafísica schopenhaueriana, haja vista que Freud enfrentara a questão da constituição do aparato sob a condição parcial das pulsões, que, por sua vez, designam indiretamente o desejo. Assim, o "vazio" que encobre o objeto seria a rigor uma marca *antimetafísica* da psicanálise (Garcia-Roza, 1990, p. 64), uma vez que a pulsão, embora "mítica", como o próprio Freud a considerava, parte sempre do corpo. Mas é aqui que o princípio de prazer pressiona com força determinante – ou seja, na perspectiva de evitar o desprazer decorrente do acúmulo das cargas respectivas ao estado de desejo: se o princípio de prazer tende à descarga das catexias, logo, essa ação de abolir a tensão não produziria, justamente ao ser concluída, *nada*?

Enfim, se essa perspectiva estiver correta, como combater *psicanaliticamente* o nada? E, ainda, seria mesmo o caso de fazê-lo, uma vez consciente da recusa freudiana frente à entropia niilista? Afinal, se o nada induz à constatação de uma razão pura, como pensa um Jacobi, por exemplo, para quem o niilismo consiste no encerramento de um sistema sem espaço para crença, é como se então ele ricocheteasse sobre si mesmo, impedindo a própria colocação da questão. Para Schopenhauer, por outro lado, o sofrimento é a essência da vida, de modo que a satisfação seria apenas um alívio parcial da dor e, em vista disso, um conceito rigorosamente *negativo*: "a privação é a condição preliminar de todo prazer", escreve (Schopenhauer, [1819] 2005, p. 335) – sentença que a meu ver poderia ter sido emitida tanto pelo filósofo de *O mundo como vontade e como representação* quanto pelo psicanalista de o *Mal-estar na cultura*. "Essa relação do desejo com o nada que o sustenta" é o que permitiria "ao sujeito moderno viver, pelo discurso psicanalítico, um desejo diferente daquele ao qual os neuróticos estão por tradição presos" (Chemama, 1995, p. 46), a saber: para além (ou aquém) de uma suposta falta. Leclaire (2007, p. 45), por sua vez, resume-o como sendo apenas *recurso à verdade*, uma vez que não haveria, justamente, "verdade alguma nem além nem aquém do desejo inconsciente"...

Nada mais–além do princípio de prazer?

Apesar do enxame de leituras que se destinaram a esse conceito – o que certamente lhe causa certa hipertrofia –, chegamos à exigência de colocar lado a lado desejo e pulsão de morte; e ela se justifica, a despeito de sua importância teórica, por aspectos que compõem a clínica psicanalítica no *stricto sensu*: "apatia", estado destrutivo de "não-desejo" e "procura pelo *'nada'*" são expressões usadas com frequência no contexto de nossa prática (Pontalis, 1977, p. 240, grifos meus). Contudo, uma articulação desta natureza se revela bastante arriscada, pois, se é mesmo necessário retomar o traçado de *Além do princípio de prazer* (Freud, [1920] 2020), isto significa apelar a um movimento giratório que resgataria *Freud contra Freud*, tal como insinua, não sem razão, o argumento que Rancière desdobra em *O inconsciente estético*: se se recorre à pulsão de morte visando remediar os recuos racionalizantes de Freud, para então manter alguma "distância entre o Freud *corretor* de Jensen, Ibsen ou Hoffmann, e o Freud admirador de um Moisés liberto da fúria sagrada", é preciso justa e novamente reivindicar a entropia niilista que ele pareceu negar em suas reflexões diante da arte. O que dá margem à uma nova provocação: não seria essa retomada uma "última peça pregada pelo inconsciente estético no inconsciente freudiano" (Rancière, 2009, p. 77)?

É que este terreno Outro no qual se alastra um *saber que não se sabe* não está desocupado quando Freud aterrissa: trata-se de uma região antes habitada por um inconsciente (estético) que entra em franca "concorrência e em conflito com um outro" inconsciente, que, neste caso, deve ser chamado de representativo (Rancière, 2009, p. 45). Com isto somam-se as questões acerca da pertinência dos espécimes artísticos em que Freud se apoia para fazer valer sua *práxis*: o que o teria levado àquelas obras de arte *em específico* (Jensen, Michelângelo, Leonardo, Ibsen)? E, num sentido mais amplo, o que concorre para que Freud se inscreva em uma dada fortuna crítica, ou mesmo tenha se tornado um capítulo na história da reflexão estética, quer dizer, na interface entre as práticas de execução da obra e os respectivos modos de visibilidade e de pensabilidade sobre a arte?

1) Por um lado, debruçar-se sobre obras de arte permitiu a Freud captar uma aliança existente entre o poeta (criador) e o psicanalista: com efeito, era de se esperar o momento no qual ele baixaria as armas para entender que o artista antecipa as verdades do psicanalista, que, aliás, só as alcança de maneira indireta e sistemática, enquanto aquele não raro as acessa direta e intuitivamente. Assim, no que concerne à vida anímica, o saber artístico se revelaria mais profundo ou avançado que o do cientista, de modo que uma aliança seria muito bem-vinda (sobretudo ao analista), em virtude de se chegar à componente fantasmática da criação. Ao contrário de querer mostrar o "segredinho sujo" por detrás do fenômeno estético, Freud convoca os artistas a testemunhar positivamente em favor da racionalidade profunda da fantasia, ou ainda que apoiem esta "ciência que pretende, de certa forma, repor a poesia e a mitologia no âmago da racionalidade científica" (Rancière, 2009, p. 47-8) – tal antecipação constatada pelo criador da psicanálise servirá, a propósito, como espinha dorsal à tese de Rancière;

2) Não obstante, trata-se também de dar conta de um estilo no qual o "drama naturalista do *destino* à maneira de Ibsen" (Rancière, p. 48, grifos meus), cuja tonalidade principal impera sobre uma ordem mimética que chamaríamos de clássica, é claramente o estilo "narrativo" que mais interessou ao inventor da psicanálise. É preciso reconhecer, em função disso, que Freud escolhera a dedo seus parceiros de estrada, afastou-se da arte de vanguarda (sua contemporânea) em favor de faturas mais ou menos afiliadas à Antiguidade ou à Modernidade do século XIX. Conclui-se, portanto, que se há em Freud esse apelo aos artistas, existe igualmente nele uma "dependência objetiva em relação às pressuposições de um determinado regime da arte" (Rancière, 2009, p. 51), o que deixaria Freud, por assim dizer, numa condição um tanto inesperada: a grande dificuldade que sua teorização enfrenta se revela mais amplamente na injunção de uma parte na outra, tendo em vista que seu principal interesse estético consiste em

> intervir na ideia do pensamento inconsciente que normatiza as produções do regime estético da arte [;] é *pôr ordem* na maneira como a arte e o pensamento da arte jogam com as relações do saber e do não-saber, do sentido e do sem-sentido, do *logos* e do *pathos*, do real e do fantástico. Com suas intervenções, Freud procura, em primeiro lugar, afastar certa interpretação dessas relações, aquela que joga com a ambiguidade do real e do fantástico, do sentido e do sem-sentido, para conduzir o pensamento da arte e a interpretação das manifestações da "fantasia" a uma palavra última que é pura afirmação do *pathos*, do sem-sentido bruto da vida (Rancière, 2009, p. 51, grifos meus).

Sublinha-se a expressão *pôr ordem* porque ela é o torvelinho em que a problemática psicanálise-estética se agudiza ao ser resumida nesse afã psicanalizante de prescrever onde não se é chamado a fazê-lo.[21] Ainda que não se trate de elucidar a "etiologia sexual" das imagens, é como se estas figurações – personagens e *interpretações* – às quais Freud recorre objetivassem o triunfo de "uma vocação hermenêutica e elucidativa da arte" a partir da fabricação de uma boa *intriga causal* –, traduzindo, desta forma, uma certa racionalidade psicanalítica que deve se impor sobre a "entropia niilista inerente à configuração estética da arte" (Rancière, 2009, p. 52)[22] a fim de restabelecer, diante desse *páthos*, um bom encadeamento lógico, assim como a virtude positiva dos efeitos de saber. Como indiquei logo de início, a interpretação, por muitos considerada surpreendente (Frayze-Pereira, 2005, p. 63-72) que Freud fizera do Moisés de Michelângelo testemunharia, não obstante, a expressão ordenada desta hermenêutica tintim por tintim: ora, o herói (Moisés) só ganhou um renovado interesse devido ao fato de se ter tornado, sob a pena de Freud, uma personagem de caráter muito superior ao retrato bíblico. Diante das forças irracionais, loucas e sem porquê inerentes à vida, Freud quer mostrar o sobrepujamento do *logos* sobre o *páthos* da insensatez, demonstrando

---

[21] Assim, haveria uma "ordem original", uma origem que cabe ao psicanalista decifrar – é o que Freud declara em *O infamiliar* (Freud, [1919] 2019) a respeito da relação personagem-autor, por exemplo.

[22] Existem *shifters*, muito anteriores a Nietzsche, que ceivaram uma cultura do niilismo; em um resumo relâmpago, vejamos: "Trata-se da história dos modos como a concepção de um Deus onipotente, cunhada na Idade Média tardia, inspirou e formou uma nova concepção de homem e de natureza na qual a vontade se sobrepõe à razão assim como a liberdade à necessidade e ordem. Começou com a noção cartesiana de pensamento como desejo, passa pelo conceito do absoluto Eu de Fichte e culmina no niilismo explícito do século XIX" (Gillespie, 1995, p. XIII). Na sequência, o "niilismo emerge no contexto de uma nova revelação do mundo como produto não da razão, mas da vontade", e ainda um passo atrás da própria vontade (p. XXIII). De forma precursora, Deleuze já argumentara nesse sentido em "Bartleby, ou a fórmula" (Deleuze, 2011, p. 80-103).

assim de que modo a razão psicanalítica poderia vencer a batalha contra o adversário niilista que encarna o anônimo sem-sentido da vida. Outro detalhe pode ser aqui essencial: o psicanalista chega a mencionar o "desamparo da inteligência" que a figura de Moises provocava nele a cada visita que fazia a San Pietro in Vincoli; no entanto, Freud recusa categoricamente essa *hilflosigkeit* como sendo um fator determinante do seu interesse (que não era pequeno) por aquela imagem:

> Nesse caso, passei a me dar conta de uma ação aparentemente paradoxal, segundo a qual, de fato, algumas das criações artísticas mais extraordinárias e mais irresistíveis permaneceram obscuras ao nosso entendimento. Nós as admiramos, sentimo-nos dominados por elas, mas não sabemos dizer o que elas representam. Não sou erudito o suficiente para saber se isso já foi observado ou se algum especialista em Estética já não concluiu que tal *desorientação de nossa capacidade de compreender* seria, até mesmo, uma necessária condição dos efeitos mais elevados que uma obra de arte deve evocar em nós. Para mim, *seria muito difícil acreditar nessa condição* (Freud, [1914] 2015, p. 183-184, grifos meus).

Como se pode constatar sem dificuldade, a Freud não interessava tanto a causa última da doença; entretanto, nunca abrirá mão de escavar a correlação dos motivos que conduziriam o intérprete até ela; e é a partir daí, mais precisamente, que "a relação da interpretação freudiana com a revolução estética" (Rancière, 2009, p. 57) começa a se complicar.

Pois ainda que o inconsciente psicanalítico tenha sido forjado dentro do regime estético e portanto não-representativo da arte, as escolhas ou o emprego hermenêutico de Freud acabam sendo como que antípodas da situação em que esse mesmo inconsciente surgiu. Ou seja, embora tenha se constituído no interior do inconsciente estético, é como se as leituras freudianas dirigidas à arte visassem re-subordinar esse inconsciente estético ao sistema clássico-representativo, restaurando seu ordenamento racional. Eis o impasse: se por um lado é possível averiguar o quanto Freud elegeu a palavra muda, cifrada e à espera de significação, como dispositivo privilegiado do trabalho analítico, por outro descortina-se uma esquiva que consiste em não reconhecer a potência entrópica da palavra *surda*, mônada sem janelas à qual não se tem *nada* a acrescentar. O exemplo de sua interpretação sobre o Moisés de Michelângelo se torna marcante porque testemunha a vitória da consciência (*logos*) sobre o *páthos* religioso do messias, enfatizando assim a serenidade bem-sucedida que se extrai do combate contra uma cólera que, ao contrário do texto original, tomara conta da cena.

De maneira idêntica, não se pode dizer que *Rosmersholm*, comentada por Freud em *Alguns tipos de caráter encontrados na experiência psicanalítica*, e que apresenta certas figuras que se opõem diretamente "à racionalidade do tratamento psicanalítico" (Rancière, 2009, p. 66), teria fugido a essa regra. Afinal, a peça se encaixa com perfeição no mesmo espírito; sob o olhar atento de um analista-detetive, Ibsen nos teria dado a ver um encadeamento causal ótimo em cuja narrativa, construída camada a camada, termina inevitavelmente por fazer vencer a razão frente ao que seria uma interpretação-limite: o suicídio enigmático de Rebecca exige de Freud uma *explicação* que a conjure, um bom motivo que no fim das contas evita o extremo da desrazão; neste caso, o esclarecimento se dá com a presença, aventada por Freud, de um desejo incestuoso da moça pelo seu patrão, em quem paira a dúvida se seria ou não seu pai. Ora, ainda que o sem-sentido não deixe de ser ele mesmo uma espécie de "explicação", o ato conclusivo da peça poderia conter uma particularidade radical e nesse sentido contrária à razão, inclusive à razão psicanalítica: afinal, um suicídio não poderia ser a simples expressão de um "nada da vontade", isto é, a pura renúncia do querer-viver? Em outras palavras, por que "o romancista se consideraria obrigado a explicar o comportamento de seus personagens e a lhes dar razões se a vida por sua vez nunca explica nada", pergunta-se por sua vez Deleuze (2011, p. 94), já que "deixa nas suas criaturas tantas zonas obscuras, indiscerníveis, indeterminadas" a ponto de desafiar qualquer esclarecimento? Ao fim e ao cabo, é como se, em Freud, tais "análises fossem meios de resistir à entropia niilista" que ele ao mesmo tempo "detecta e recusa nas obras do regime estético da arte, à qual, todavia, ele dará um lugar na teorização da pulsão de morte" (Rancière, 2009, p. 74).

Ademais, seria possível considerar que a "descoberta" da pulsão de morte deva ser entendida como um equivalente à "realidade natural" desta mesma entropia? Se se trata da *restauração de um estado anterior de coisas* (Freud, [1920] 1996, p. 47), inorgânico como propõe Freud, *Thânatos* representaria uma espécie de retorno ao nada, haja vista que o inorgânico existe de antemão? E ele acrescenta, neste ensaio cujos argumentos se transformam em provavelmente seu maior exercício de especulação, que o objetivo de toda existência é caminhar em direção à morte e, assim, que a vida seria senão um desvio, e que inclusive se justifica pelo fato de que o organismo "deseja morrer apenas do seu próprio modo" (p. 50). E então o psicanalista se vê em solidariedade com o filósofo: "para ele" (Schopenhauer, claro), "a morte é o 'verdadeiro resultado e, até esse ponto, o propósito da vida', ao passo que a pulsão sexual é a corporificação da vontade de viver" (Freud, [1920] 1996, p. 60). É como se, frente ao limite de estar além do princípio de prazer, Freud recorresse a uma "metafísica da biologia" talvez muito mais próxima (do que ele queria) da filosofia da natureza tal como proposta pelos românticos, espírito do qual ele teria sido, como vimos (Yovel, 1993; Loureiro, 2002; Roudinesco, 2015), um herdeiro[23] direto.

Com respeito ao jogo do carretel, espinha dorsal do artigo, salta aos olhos um detalhe que não pode passar despercebido, uma vez que se articula com a linha argumentativa que se vem *criticamente* delineando neste estudo: a interpretação final do jogo se revela a Freud como a "grande realização cultural da criança" (Freud, [1920] 1996, p. 26), isto é, sua capacidade de fazer uma *renúncia pulsional* específica – e que nesse caso era a exigência imediata da presença materna –, dado que forneceria provas para medir o quanto um ser humano seria apto para adiar uma satisfação, situando-se humanamente na virtualidade do devir. O que chama atenção é que, mesmo quando se trata de discutir a complexa desfusão pulsional, negativa por excelência, Freud continua se apoiando na maior ou menor aptidão humana para *abdicar de um impulso* – o que corrobora ainda mais a tese de *O inconsciente estético* (Rancière, 2009).

Por outro lado, o *desejo de dormir*, único "que o sonho sempre realiza", carrega algumas ideias de Freud que se aproximam da negatividade própria à entropia niilista: na medida em que é "expressão de uma outra satisfação trazida pelo sonho/sono", o dormir seria um ensaio de retorno ao inanimado, de tal modo que "alcançaria" o mais-além do princípio de prazer, local onde dois são Um; gozo (*Genuss*) de quietude, o desejo de dormir representaria um recuo em relação ao próprio desejo quando explora a ação silenciosa da pulsão de morte, que, por sua vez, parece ser menos uma energia contrária frente ao alarido de *Eros* e mais a *ausência* de uma força (Leclaire, 2001, p. 120; Pereira, 2021, p. 13).

---

[23] "Freud via-se como herdeiro de Goethe", atesta Roudinesco (2015, p. 45) em sua recente biografia.

Com isso, vemo-nos na situação de aceitar que essa entropia niilista se referiria apenas ao processamento que Freud conceitua como secundário, pois não há como tomar a negação da Vontade sob o prisma dos processos primários; embora, como bem sublinha Eduardo Fonseca (2017, p. 55), essa negação não seja racional, mas "autodecepção e consequente retirada de investimento libidinal do objeto chamado *Welt*", o nada só é possível como ser (não como ente) no âmbito de um sistema representacional, de tal modo que no interior da realidade psíquica não haveria lugar para o nada, pois, afinal, ele seria sua própria negação. E por mais que essa realidade seja "surda" em sua procura pelo objeto – alucinado ou não, como propusemos anteriormente –, ela impõe o desdobramento para um fora, não se bastando no solipsismo da indiferenciação – o que não escapou a Freud logo no início do século XX –, ainda que isso venha a ser a meta final, e ao mesmo tempo absurda, do desejo.

Ademais, se é o caso de pensá-la, é também preciso admitir que não é a razão que impulsiona uma "saída" do impasse, mas sim o próprio desejo. Desejo a jamais se satisfazer, desejo de continuar desejando, de "seguir sendo sujeito de um enunciado que aponta para algum objeto real, reconhecido pelo Outro e que pode representar a reafirmação repetitiva do desejo no campo da realidade" (Kehl, 1990, p. 370). Apesar de sua proximidade em se libertar do objeto na realidade psíquica, tem-se que a função desejante determina a trama do início ao fim, pois caberia assentir que mesmo uma suposta solução via suicídio é ainda um desejo, como propunha Schopenhauer: o "nosso estado é tão infeliz que um absoluto não-ser seria muito preferível", advertia, aludindo a Hamlet; e haveria de se escolher o não-ser caso "o suicídio nos assegurasse o nada" (Schopenhauer, [1819] 2005, p. 340) – o que evidentemente não é o caso. A rigor, ultrapassar o paradoxo que percorre de cabo a rabo esta investigação revela-se tarefa impossível, já que realizar ou não o desejo são a rigor situações equivalentes na medida em que também a satisfação pode levar (imaginariamente) à plenitude do vazio, arriscando-se chegar ao grau zero do desejo (Kehl, 1990, p. 371), tal como se dá em estados subjetivos de completa suspensão, sideração ou "levitação" que, não por acaso, se aproximam perigosamente da condição bulímico-anoréxica (Balasc, 1990, p. 40; Bruch, 1984, p. 185). Meuret (2006, p. 187) chega a afirmar, tendo a escrita como referência, a existência de um *taille zéro de l'écriture*, ou seja, muito afeita ao gosto niilista que percorremos anteriormente.

Segundo Marie Cariou (1978, p. 47):

> Na medida em que o que vive tende para a vida, tudo o que anuncia, favorece prepara, produz, *provoca* a morte é sentido como desgraça. É a sede da vida que cria toda a angústia vazia da morte e torna desgraça tudo o que destrói, dilacera, denega, desfaz, desmantela, essa luta, de morte, do querer-viver. E a morte é um mal para quem deseja viver, mas que importa àquele que deseja morrer? A pulsão de morte desfaz o que cria a pulsão de vida e pode desfazer também a angústia da morte. É por isso que a mesma procede da outra e vice-versa; [é a] origem secreta de nossas denegações.

Se, como almejam certos comentadores, Freud pode ser estigmatizado como um herdeiro direto das Luzes, isto é, se por um lado ele teria visado *remediar* o nada – o que a rigor não o diferencia, em muito, de Nietzsche a esse respeito, por mais estranho que pareça –, por outro Freud não poderia ser considerado um trágico em idêntica tonalidade nietzschiana, uma vez que sustenta a *pertinência do conflito* no psiquismo? Numa extraordinária torção, seria então preciso assumir que Freud representa, ele mesmo, um sintoma do inconsciente estético: enquanto mensageiro da identidade de contrários (leia-se, da tensão perene entre consciente e inconsciente), foi concomitantemente iluminista *e* romântico, idealista *e* antirracionalista, audácia que o auxiliou a descortinar a verdade indesejada do desejo, cujo núcleo estudou rigorosamente a fim de nos mostrar que dele, enfim, não estamos livres nem sequer ao dormir.

Assim, mesmo a expressão "iluminismo sombrio",[24] direcionada a Freud por Yovel (1993) parece ser boa o bastante para ressignificar a *condição freudiana*, já que, como adverte Inês Loureiro (2002, p. 348), é preciso ser prudente e "ir devagar com o andor quando se trata de assimilar a obra freudiana ao projeto das Luzes" – sobretudo na medida em que não se perca de vista a "linha tênue divisória que separa o fascínio pelo não racional da intenção de dominá-lo e esclarecê-lo" (p. 349). Nessa perspectiva, Ernani Chaves destacou a presença de uma função catártica no trabalho receptivo de Freud, cujo pivô opera como uma "estética dos efeitos" aí implicada, indicando inclusive o quanto essa função "sinaliza para uma presença muito importante no pensamento freudiano, que é a dos ideais da *Aufklärung*, mais especialmente da ideia de que a arte deve e precisa ter uma *utilidade*" (2015 p. 27, grifos meus). Não obstante, quanto a isso a posição de Freud se revelará no entanto anti-intelectual, e isso flagrantemente até, pois, "ao contrário da idealização 'esclarecida'", descobriu melhor do que ninguém que a inteligência mais obscurece do que ilumina "as nossas fontes de prazer e gozo" (p. 28). Em outras palavras, para ele os processos psíquicos surgem tão fundamentalmente incidentes na relação artista-espectador a ponto de se fazerem desviar, por assim dizer, de um suposto valor moral resultante

---

[24] Inês Loureiro (2002, p. 349) repertoria uma série de expressões que surgiram nesse contexto: "romantismo científico" (Thomas Mann), "positivismo temperado" (Renato Mezan), "iluminismo desencantado" (Joel Birman), "racionalismo negro" (Jacques Le Rider).

da fatura; não se trata, nesse sentido, "de pensar a questão da autonomia ou da heteronomia da vontade", mas aquela "entre prazer e gozo, prazer e sofrimento, um conflito que só encontrará resoluções provisórias e passageiras" (p. 29).

Na opinião de Thomas Mann, se por um lado o interesse de Freud pelo "impulso não tem para com este uma relação de adulação que *nega o espírito* e conserva a natureza", servindo desta forma "à vitória da razão e do espírito entrevista revolucionariamente no futuro", leia-se, à "ilustração" (Mann, 2015, p. 42, grifos meus), por outro, no entanto, e sendo ele um "investigador das profundezas e psicólogo dos impulsos", Freud se encaixa "na série de escritores dos séculos XIX e XX" que se opuseram francamente "ao racionalismo, ao intelectualismo, ao classicismo". Recuperando em matiz romântica o mistério e o caráter irracional da vida, eis que o psicanalista se vê inserido no rol de pensadores que "acentuam, cultivam e realçam cientificamente o lado noturno da natureza e da alma como sendo aquilo que é no fundo determinante para a vida e criador de vida, defendendo de modo revolucionário o primado de tudo o que é pré-espiritual, divinamente terrestre, a 'vontade', a paixão, o inconsciente ou, como diz Nietzsche, o 'sentimento' perante a razão" (p. 19).

E como que precipitando a proposição "rancièriana" acerca de um inconsciente estético, arremata o autor de *Morte em Veneza*:

> Por isso a relação entre metafísica e metafísica da natureza é assimétrica: são as duas primeiras que no fundo esclarecem o que a ciência descobre […]. Assim, se imaginarmos Schopenhauer encarando a psicanálise como ciência, ele provavelmente diria: eis aí outra confirmação de minha filosofia. Como se, aos seus olhos, a ideia de uma metapsicologia fosse prenhe de metafísica, na mesma medida em que qualquer ciência pressuporia

tanto uma subjetividade transcendental quanto a explicação metafísica do mundo pela Vontade. Ou como se a psicanálise fosse, no fundo, objeto da especulação filosófica (Mann, 2015, p. 121-122).

"Sou médico", teria dito ao poeta Bruno Goetz no comecinho do século XX, "e desejo ajudar o máximo que puder essas pessoas tão numerosas que interiormente vivem hoje num inferno, mas aqui mesmo, na terra"; seus "conhecimentos, teorias e métodos", continua Freud, deveriam "*conscientizá-las* desse inferno, a fim de que possam livrar-se dele". Finalmente, confessou: "Foi o que Schopenhauer viu com muita propriedade" (Freud *apud* Roudinesco, 2015, p. 132). Parece que o criador da psicanálise nunca perdera a esperança de que os afetos pudessem ceder ao espírito; sua crença mais ou menos inabalável na derrota da doença o fez apostar alto no horizonte de uma cura, por mais inalcançável que fosse. O que não o privou, por outro lado, de andar de mãos dadas com Nietzsche na sequência desse emaranhado que recupera um *ethos* trágico no epicentro da Modernidade.

Niilismo e psicanálise

Recordemos: "*entropia niilista*" foi a expressão utilizada por Rancière (2009) a fim de caracterizar as formas de manifestação do que chamou de inconsciente estético. Em linhas gerais, o que Cioran entendia por niilismo se resume à ação de levar o princípio de negação ao esgotamento, ou, como aponta Pecoraro (2007, p. 39), sustentar um pensamento incendiário cuja sensação dominante é "a de reduzir e ser reduzido" ao limite. O niilismo se traduz, desse modo, como "negação e rejeição de todo fundamento e toda verdade que transcendam a existência originária e irrepetível do indivíduo" (p. 13), e, em termos mais propriamente nietzschianos, o niilista "consumado" é aquele que percebe que o niilismo é sua única chance, uma vez que a perda de sentido se instala junto à "morte de Deus". Ou seja, Nietzsche compreende que o niilismo é o pensamento sobre o extremo do pensamento – "Quando você olha muito tempo para o abismo, o abismo olha de volta para você" –, situação que não pode ser superada embora seja missão fundamental para a filosofia. A esse respeito, escreve Maurice Blanchot (2007, p. 106):

> Eis, portanto, uma primeira aproximação do niilismo: não se trata de uma experiência individual, não se trata tampouco de uma doutrina filosófica, nem de uma luz fatal jogada sobre a natureza humana, eternamente

voltada ao nada. Trata-se de um acontecimento que se realiza na história e que é como que uma muda da história, o momento em que ela gira, que se designa por este traço negativo: é que os valores não têm mais valor em si mesmos; e por este traço positivo: que, pela primeira vez, o horizonte ao infinito se abre diante do conhecimento.

Ora, o grau zero do pensamento não conduziria senão à irredutível verdade: que o mundo é desprovido de sentido e que portanto seria absurdo procurá-lo nele. Niilismo, experiência-limite:[25] voz que "não afirma nada, não revela nada, não comunica nada", poderíamos contentar-nos em dizer que ela "é o 'nada' comunicado ou ainda o inacabamento do todo captado num sentimento de plenitude" (Blanchot, 2007, p. 191). Simmel reconhecera, sem demora, certos efeitos niilistas no pensamento de Schopenhauer: "em última instância", para ele a vida estaria "condenada a carecer de valor e de sentido, justamente por ser vontade: ela é, em absoluto, *o que deve não ser*" (Simmel, [1907] 2011, p. 16, grifos meus).

Sabe-se, ademais, que desde Schopenhauer o querer-viver é constitutivo "de todos os seres; que esse 'impulso cego e irresistível' recebe, pela representação (o intelecto), à qual ela se associa e se desenvolve a seu serviço, o conhecimento de seu querer e daquilo em que consiste o que ela [a Vontade] quer". O conhecimento, por sua vez, é que "determina a aparição da consciência reflexiva"; entretanto, "a origem de

---

[25] Por respeito ao recorte e por exigência do objeto, esta investigação não inclui o debate que diferencia o niilismo *passivo* do *ativo*, tal como teorizado por Nietzsche; ainda assim, valeria destacar que, se é o caso de assumir um niilismo em Schopenhauer, a despeito da ausência desse termo em sua obra, ele poderia ser interpretado somente à luz da predicação *passiva*, uma vez que a moral da *compaixão* é definida por aquele como *atividade* (Salviano, 2007, p. 10), "sentimento que faz com que a força diminua, ocasionando um efeito depressivo" (Cacciola, 1994, p. 162).

todos os problemas mentais" seria, a rigor, "a subordinação do intelecto ao querer-viver" (Ravoux, 2007, p. 88). Nesse espírito, é possível dizer que Freud se posiciona como alguém decisivo: é que *entre* a Vontade e a representação deve existir um aparato mediador, isto é, um sistema que ele foi mestre em descrever e que permite a passagem de um a outro.[26]

Logo, Freud não deixa de se inserir numa cultura em que o pensar e o agir "têm a sua razão metafísica mais profunda, e ontologicamente originária, na vontade de que o *ente seja nada*", ou, em outras palavras, "na crença no devir: pensar que as coisas estejam no tempo, que nasçam e morram significa que elas surgem do nada e a ele retornarão; que elas *são* no presente, mas eram nada no passado e serão nada no futuro, que as coisas passadas não são mais e que as futuras não são ainda" (Pecoraro, 2007, p. 57). Como declara Pecoraro, torna-se imperioso "destacar que a estrutura inconsciente na qual o Ocidente se fundamenta revela não só que a civilização ocidental é essencialmente niilista, mas também que ela é uma 'civilização do remédio' atravessada e devastada por inúmeras tentativas de atribuição de sentido, por infinitas indicações de uma positividade, de um fármaco capaz de remediar o espanto, a maravilha e o terror, perante as coisas do mundo" (p. 58).

Mesmo reconhecendo a semelhança entre muitas de suas formulações, Freud nunca admitiu que seu trabalho teria sofrido a influência crucial de Schopenhauer.[27] No entanto, em um curto texto de 1917 ("Uma dificuldade no caminho

---

[26] O funcionamento é aqui não dialético, porque não há representação sem Vontade, ainda que a Vontade exista sem a representação.

[27] De acordo com Roudinesco (2015), entretanto, Schopenhauer teria sido o seu filósofo predileto. Um sobrevoo nos escritos de Freud permite perceber o quanto oscila acerca da penetração de sua filosofia: ora reconhece a pertinência, ora a recusa, numa clara situação de ambivalência. Contudo, essa evitação surge um tanto insistentemente

da psicanálise"), assinala certa dívida para com o filósofo no que se refere à teoria do inconsciente – "vontade inconsciente" é o termo ao qual alude, na ocasião (Freud ([1920] 1996, p. 178-179). Acresce, ademais, que Schopenhauer teria antecipado a importância do sexual como fonte incontestável da determinação humana; e haveria ainda outra contribuição original do filósofo quanto ao conceito de pulsão, que, sem tanta dificuldade, pode-se extrair da noção de Vontade tanto quanto a definição de recalcamento poderia estar contida, em gérmen, nas teses schopenhauerianas acerca da loucura.

Não obstante e um tanto curiosamente, é em *Além do princípio de prazer* (Freud, [1920] 1996, p. 60) que Freud rechaça qualquer intenção de colocar as doutrinas lado a lado. Ao afirmar que o curso dos eventos psíquicos estaria regulado pelo princípio de prazer, afirma que este é "colocado em movimento por uma tensão desagradável", culminando na exigência de sua *redução*, isto é, a "evitação de desprazer ou uma produção de prazer" (p. 17), como se sabe, mas sem mencionar nada que pudesse creditar a ele a proximidade de sua teoria em relação às conclusões sobre a ascese, que, em Schopenhauer, equivale diretamente à supressão da Vontade – hipótese que, de minha parte, sugeri em momento anterior. Seria o caso de concluir, uma vez mais, que o psicanalista denega o filósofo? Pelo sim e pelo não, é preciso ter em mente que o primado da vontade sobre o espírito se justifica como uma crítica ao intelectualismo imediatamente anterior a Schopenhauer, um intelectualismo cuja continuação é acusada, na verdade, a Hegel; nessa perspectiva, não seria pouco provável que Freud interpretasse essa posição anti-intelectualista como "irracionalista", legando um estigma dessa gravidade ao pensador de Frankfurt.

---

em suas pesquisas e se justifica pelo argumento de que o trabalho filosófico, por ser especulativo, seria prejudicial ao método científico.

Quando Nietzsche fez a crítica do niilismo[28] schopenhaueriano por meio da concepção de ressentimento, como é o caso, ele não estaria numa posição idêntica à de Freud, ou seja, a que nega a negação da vontade para assim se desviar, ele também, da radicalidade negativa da entropia niilista? Porque *idealizada*, para Nietzsche a negação da vontade seria uma interpretação falsa do mundo, e o filósofo de *Ecce homo* parecia bastante convicto disso: em sendo um estado permanente de nadificação, insistia que o niilismo é a afirmação de um sem fim, pois o fim é, em si, um sentido; dadas as condições do devir, "*nada* se alcança, *nada* é alcançado" – restando assim o ressentimento... Como estado *psicológico*, por outro lado, considerava que por meio do niilismo o homem pode se tornar "consciente do grande e duradouro *desperdício* de força, o tormento do em 'vão', a insegurança, a falta de oportunidade de recuperar-se de qualquer modo, de ainda repousar sobre alguma coisa" (Nietzsche, [1887] 1998, p. 31). Em outras palavras, um pessimismo a ser combatido.

Isso posto, fica como tese morta que o problema da vontade se "resolveria" com o primado da insatisfação; muito além dela, contudo, deve-se ter em conta sua pertinência enquanto *impossibilidade*: ora, a consciência dessa impossibilidade do desejo, e que o marca logo de saída, não seria ela também outra face da entropia niilista que, no caso, apresentar-se-ia *via Freud*? Com a teoria do eterno retorno, por exemplo, Nietzsche religou o niilismo não ao nada, mas ao ser, haja vista que o niilismo expressa a "impossibilidade de chegar ao fim e de encontrar uma saída mesmo nesse fim. Ele diz a impotência do nada, o falso brilho de suas vitórias,

---

[28] Embora Schopenhauer nunca utilize o termo "niilismo", como sublinha Salviano (2007, p. 8), não deixou de recuperar o *nihil negativum* e *privatum* de Kant.

ele diz que, quando pensamos o nada, é ainda o ser o que pensamos", complementa em perspectiva análoga Maurice Blanchot. Desse modo, o "niilismo diz-nos portanto aqui sua verdade última e bastante atroz: ele diz a impossibilidade do niilismo", uma vez que o ser (o desejo?) não pode ser negado. Tal torção indica que a "ponta extrema do niilismo está precisamente ali onde ele se inverte, que ele é a própria inversão, a afirmação que, na passagem do Não ao Sim, o refuta, mas nada faz senão afirmá-lo e, a partir de então, estendê-lo a todas as afirmações possíveis" (Blanchot, 2007, p. 111-112).

Em *Genealogia da moral*, Nietzsche apontara, com uma máxima que se tornaria lapidar, o quanto o "homem prefere ainda querer o *nada* a *não* querer" (Nietzsche, [1887] 1998, p. 325), maneira alternativa de expressar o *horror vacui* outrora intuído por Kant. Com efeito, essa é uma possibilidade decisiva para refletir sobre a questão, tendo em perspectiva "a atividade fundamental da *vontade em geral*" que inclui a vontade de nada (Brusotti, 2000, p. 27, grifos meus). As formações da renúncia schopenhaueriana então se dispõem: aceitar a indiferença; contemplar calmamente a farsa do mundo; amar o sofrimento e a morte (Schopenhauer, [1819] 2005, p. 412).

Amar, obviamente, é também desejar: se o sofrimento se apresenta como um acesso à redenção, a Vontade continua se desdobrando sob a insígnia de *um amor ao nada*. E é por isso que, a meu ver, Freud articulou o Nirvana à pulsão de morte, dada a condição de serem igualmente silenciosos e cuja "felicidade na quietude" tanto servira às filosofias orientais. De sua parte, Schopenhauer não ficou para trás quando propôs que a questão pudesse ser pensada sob o prisma da indiferença, na qual não existe separação entre bem e mal ou entre crime e bondade, local onde tudo perfaz a mesma objetificação da Vontade. Só assim a Sua negação poderia dissipar a ilusão do eu que se entende como realidade substancial. Freud, que de ingênuo não tem nada, tampouco deixou de mensurar o problema quando defendera uma "solução" por meio do princípio de realidade, a saber: garantir uma satisfação parcial (e portanto possível) mediante a impossibilidade incontornável que caracteriza a satisfação em-si do desejo.

Se a paz pode ser alcançada na grande renúncia – mas também em algumas condições de contemplação artística, segundo Schopenhauer –, isso não elimina o fato de que qualquer saída só poderá ser conquistada por intermédio da consciência. O sucesso na ascese é complexo, porque exige do "gênio" sabedoria na escolha dos *quietivos* que poderão deter a Vontade de maneira mais consistente: do contrário restará o tédio, sentimento "pior que a dor", conforme sugere o próprio filósofo (Bossert, 2011, p. 239). Vemo-nos, enfim, em face de um último paradoxo: se Vontade e inteligência são inseparáveis, diria Schopenhauer, elas o são apenas em condição assintótica – para citar de novo essa imagem forte, e que fora recuperada por Lacan acerca da relação entre o desejo e o objeto –, quando se encontram no infinito. Assim, *logos* não é o vencedor que escapa do nada, pois a insistência do Desejo, *subproduto* da Vontade, *derivado da pulsão* e desde já *liberto do objeto*, lega-nos a impossibilidade irredutível da satisfação plena.

Em vista desse último dado, valeria sublinhar que, no vocabulário mais especificamente psicanalítico, a problemática pode ser alocada não apenas no além, mas sobretudo no *aquém* do princípio de prazer, pois é justamente o seu "fracasso" que dará origem ao desejo; e, quanto a ele, não se trata apenas de um prazer de saciedade, mas também de uma não saciação prazerosa, isto é, uma "alegria da fome" que se torna possível quando a realidade cede um pouco (e é preciso que assim seja, sob o risco da extinção do sujeito) à exigência daquele princípio. Com efeito, a tendência humana é de fugir do estado de indiferenciação originário, estádio fatalmente não desejante e equivalente à *Thanatos* – mas é ao escapar dele que se permite ao homem fundar sua própria subjetividade (Kehl, 1990, p. 368).

Se a metafísica da Vontade antecipou a diferença psicanalítica entre realidade psíquica e realidade propriamente dita, é porque a "inquietude do homem em relação ao seu próprio abismo, o abismo de cada desejo, gera metaforicamente outras inquietações" (Cariou, 1978, p. 92) de igual magnitude. Embora médico, Freud parecia intuir algo acerca desse nada que de tempos em tempos acomete o espírito, sem todavia cair nas armadilhas da patologização: argumentava, em vista disso, que "toda perda permite ao homem superar a si próprio e, logo, a alcançar uma espécie de imortalidade – a das pulsões de vida –, ainda que, no fundo de si mesmo, *subsista uma atração pelo nada*" (Freud *apud* Roudinesco, 2015, p. 251, grifos meus). Por sua vez, Maurice Blanchot (2007, p. 226) mostrou como a experiência-limite do niilismo poderia representar a eficácia desconcertante do desejo, uma potência "cuja essência é ser eternamente desejo, desejo daquilo que é impossível de alcançar e mesmo de desejar". Afinal, no percurso do "nada ao nada" que desenha as marcações fundamentais da condição humana, resta sempre o Desejo, que, para o bem ou para o mal, nunca permite um ponto cabal de chegada.

O objetivo primeiro desta pesquisa jamais deixou de estar ciente de seu fracasso. É ingênuo pensar que Schopenhauer desconhecesse a impossibilidade de cessar a Vontade (e não as vontades, que para ele são puramente *subjetivas*, como vimos), assim como, em Freud, a insistência da pulsão não recua frente às tentativas de domesticação. Diferentemente de Schopenhauer, contudo, Freud revela que a "proposta de ascese, a paz do nirvana – paz perpétua, resignação absoluta do eterno repouso, aniquilamento completo do querer, dissolução total do eu, da subjetividade – como forma de enfrentamento de uma existência trágica é impossível no homem de desejo" (Pastore, 2015, p. 275). E, embora corretas no âmbito geral, afirmações como essas merecem alguma revisão, justamente porque carregam nas entrelinhas a ideia de que Schopenhauer acreditava na possibilidade de se interromper a incidência da Vontade. É evidente, portanto, que as suas apostas se referem à parcialidade da representação, para com isso "romper com a cadeia ininterrupta dos desejos que leva os homens a viverem buscando, sem cessar, prazeres fugazes e inconstantes [...] que ora fazem sofrer por não se realizarem, ora desencadeiam outros desejos tão logo sejam satisfeitos, e, assim, ao infinito" (Schöpke, 2011, p. 13). A admissão de Schopenhauer frente à existência de uma pluralidade tamanha de possíveis deslegitima qualquer alcance representativo da Vontade enquanto tal.

Nem por isso o filósofo deixaria de flertar com o ímpeto de conhecê-la "por dentro", aproximando-a de um "querer subjetivo que anima o *corpo*", ou, de outro modo, *desejo*, substância mais imediata da Vontade. Segundo Schopenhauer, o corpo é lugar de morada para a "essência das coisas" (tanto quanto serve de fonte *à pulsão* para o psicanalista), de tal forma que a experiência interna serve ao conhecimento direto do querer mediante sermos, nós mesmos, coisa-em-si (Machado, 2006, p. 193). De outro modo, como sugere audaciosamente Eduardo Brandão (2008, p. 115), "a conquista do território do inconsciente", fruto da descoberta da Vontade, seria também uma tentativa de "desimpedimento possível do acesso à coisa em si através da experiência".

À guisa de conclusão parcial, vale reler a seguinte passagem, a meu ver decisiva, e que se encontra no terceiro livro de *O mundo*: "Bastante feliz aquele que guarda ainda um desejo e uma aspiração", declara, a plenos pulmões, o pensador de Frankfurt; "ele poderá continuar essa passagem eterna do desejo à sua realização, e dessa realização a um novo desejo". Como se pode notar, não se deve apenas ao primado da negatividade a sobrevivência dessa obra tão monumental...

Para não perder o fio da meada, cabe fazer um novo apelo ao objeto do qual parte esta investigação, isto é, se seria o caso de pensar que Freud capitula solenemente diante da entropia niilista; uma última e parcial resposta que me arrisco a dar é, necessariamente, ambivalente: *sim*, porque a exigência ética da psicanálise, que se desdobra de imediato numa terapêutica, não pode abrir mão de *Eros*, das ligações que a libido visa realizar a fim de preservar a vida do sujeito – e em cujo paradigma reside o fenômeno da transferência, traduzindo-se aí como *vinculação* inequívoca. Por outro lado, *não* seria também uma resposta proporcionalmente adequada, pois, mesmo sem o saber, Freud indicou, à sua maneira, leia-se, por meio do *Wunsch*, que o niilismo é a impossibilidade do niilismo, e que *a priori* não há senão a alternativa de malograr ao se visar o nada. Assim, a *Wunsch* só corresponderia *Das Ding*, Coisa que o completaria. Freud está, nesse sentido, situado *entre* Schopenhauer e Nietzsche, o que nos obriga a concordar com Thomas Mann: mal comparando, ou seja, tomando a psicanálise como "tentativa de romantismo despido de mística e transformado em ciência natural" (2015, p. 46), insólita combinação de *Naturwissenschaft* e *Geisteswissenschaft*, Freud, tão clínico quanto Nietzsche, dá a conhecer a verdade por meio da doença ao problematizar a relação entre *páthos* e *logos* em sua radicalidade. Afinal, Schopenhauer e Freud pertencem à mesma linhagem de pensamento na qual o desejo se tornara um conceito *negativo*; Rüdiger Safranski (2007) é certeiro quanto a isso, sobretudo no tocante à "situação freudiana": para ele, o romantismo, que impregnou o século de Freud, consiste precisamente num sistema erigido *contra* a monotonia e todo o seu corolário – a consciência do vazio, a perda na futilidade e o abismo do nada.

De outro modo, se, para o filósofo, a Vontade se manifesta em sua essência de Natureza, para o psicanalista, o desejo é qualquer coisa, *menos* natural. O desejo, aponta nesse sentido Renato Mezan, "não é um dado original da natureza humana, mas se forma como resultado de uma série de processos" que se inscrevem com o passar do tempo. Uma vez inaugurado, "obedece a um certo modelo que possui força coercitiva", "um protótipo eficiente" e constituinte do esquema "ao qual deverão se conformar as experiências posteriores" com o objetivo de dar algum sentido para a sua realização (Mezan, 1990, p. 356). Se o desejo simplesmente *é* – e isso sem levar em conta sua errância intrínseca, ou melhor, os (des)caminhos pelos quais percorrerá ao longo dos processos de subjetivação de alguém –, já não há mais possibilidade para o nada no interior da *ordem libidinal* que determina a vida psíquica. Logo, se o nada se faz ser, ou seja, se ele igualmente *é*, então sua existência antecede o desejo, o que faz com que seja impossível, em termos lógicos, regredir mais, pois não há nada antes do nada. Ora, com sua concepção de desejo, é como se Freud caminhasse no fio da navalha das definições disponíveis na história da filosofia de até então: partindo de uma carência (isto é, da falta originária inscrita na aparelhagem infantil), o desejo se lança à potência[29] de engendrar os caminhos da subjetivação.

---

[29] Essa é também uma acepção reconhecidamente trabalhada por Deleuze e Guattari em *L'Anti-Œdipe: capitalisme et schizophrénie* (1972).

Assim, da negatividade primeira que determinaria os avatares dessa concepção o psicanalista extrai uma positividade do vir-a-ser ao desejo. Da reação, um novo progresso.

Além do mais, é preciso ter em vista que o ato de renunciar à vontade consolidaria a escolha de uma punição autoinflingida, expressa por meio da abnegação ou do abandono dos prazeres, para com isso dar vazão ao encontro com o sofrimento – estaríamos, enfim, diante de um "masoquismo" latente no pensamento de Schopenhauer? É "a dor diretamente sentida e conhecida que produz quase sempre a resignação completa", admite de próprio punho em sua obra magna (Schopenhauer, [1819] 2005, p. 411). Nessa lógica, a ascese se traduz em purificação, seria preciso sentir mais dor para negar a Vontade, ou seja, realizar paradoxalmente *um maior exercício da Vontade* e não a sua negação. Em certo momento, não obstante, ela abandonará um objeto específico para se estender à vida como um todo, de maneira a se redobrar como negação de si. *Mutatis mutandis*, nesse sentido último a Vontade se expressa em *desejo de não desejar*: uma força cuja meta apela à sua própria *extinção como satisfação*.

Antes de avançar, porém, caberia sublinhar o caráter não prescritivo da ética schopenhaueriana, como alerta Maria Lucia Cacciola (1994, p. 163), a qual Nietzsche teria, aliás, negligenciado: renunciando "recomendar ou aconselhar [...] a afirmação ou a negação da Vontade", Schopenhauer foi capaz de colocar em prática a sua própria filosofia...

> Resta, por fim, lidar com certos desdobramentos que essas fricções entre nada e desejo ainda podem fomentar; concluída essa primeira incursão que envolve estética e psicanálise, ficam algumas indagações: seriam *desejo de nada* e *nada do desejo* expressões suficientemente adequadas a fim de "diagnosticar" certo processo de nadificação que a experiência subjetiva parece sofrer em *nossa* atualidade? (Processo, que, a propósito, não

escapou às antenas de escritores como Ibsen e Melville – deste sobretudo – e de artistas visuais como Rauschenberg e Rothko, pertencentes todos ao *regime estético* da arte).

Não é por acaso que Scarlett Marton (2023), talvez a principal pesquisadora brasileira dedicada à obra nietzschiana, intitulou uma de suas conferências mais recentes de "Niilismos: a marca de nosso tempo", estrategicamente no plural, e à qual coube pensar em que medida a pós-modernidade trouxe consigo um novo tipo de niilismo, "sísmico", ela sugere, flagrantemente destrutivo. Amplificar a questão não seria, portanto, uma tarefa psicanalítica? Em que medida tais figuras crítico-clínicas cuja órbita é o nada poderiam ser eficientes, mesmo que de forma parcial, a fim de lançar luz também sobre alguns aspectos próprios aos processos de subjetivação do agora? Tal questão norteará as reflexões seguintes, uma vez que, a meu ver, são um desdobramento lógico (ou quem sabe ainda *phático*) que à provocação feita por Rancière coube desencadear, ainda que estejamos andando em círculos, em certa medida, ao apelar a certa racionalidade interna à questão da escuta que as posições crítico-clínicas impõem ao psicanalista. Nesse sentido, é preciso por outro lado apontar o quanto parece ser difícil ao filósofo francês reconhecer que, em virtude de sua condição ética e inerentemente vocacionada à terapêutica, à psicanálise não resta outra saída senão dar tratamento ao nada, evitando assim uma espécie de derretimento do sujeito dele decorrente. Sendo ambígua por natureza, ela parece continuar sobrevivendo *porque* no fio da navalha de seu iluminismo sombrio...

Hans Holbein, o jovem, *Cristo morto na tumba*, 1521.
Fonte: https://www.tate.org.uk/tate-etc/issue-8-autumn-2006/messages-master

Parte II

Não posso ser um otimista e acredito que me distingo dos pessimistas apenas porque as coisas cruéis, estúpidas e sem sentido não me perturbam, pois desde o começo aceitei-as como parte daquilo que é feito o mundo.

Freud, em carta a Lou Andreas-Salomé

Quem és? Perguntei ao desejo.
Respondeu: lava. Depois pó. Depois nada.

Hilda Hilst

Desejo de nada, nada do desejo: anorexia e melancolia como figuras crítico-clínicas da atualidade

Nesta segunda parte, procurarei dispor alguns aspectos que anorexia e melancolia guardam em comum, visando com isso demonstrar, sobretudo, em que medida elas seriam pertinentes enquanto figuras mais ou menos representativas (entre outras, é claro) de um mal-estar na atualidade. Acontece que a extração de um desejo de nada e de um nada do desejo parece encontrar respectivamente na anorexia e na melancolia sua forma mais adequada de serem figurados, tendo em vista que ambos orbitam o nada, ainda que cada um à sua maneira.

O famoso Rascunho G, redigido por Freud ainda em 1895, poderia ser tanto o ponto de partida quanto o de chegada destas linhas. Ali, como se sabe, o psicanalista insinua uma relação direta entre anorexia e melancolia: a "famosa anorexia nervosa das moças jovens, segundo me parece (depois de cuidadosa observação)", escreveu logo no início de carreira, "é uma melancolia em que a sexualidade não se desenvolveu" (Freud, [1895] 1996, p. 283). O que lança um problema de antemão, uma vez que o desinvestimento sexual ou mesmo uma dessexualização podem ser marcas inequívocas da subjetividade melancólica. De uma forma ou de outra, venho tentando sugerir que seriam essas as figuras que podem dar forma ao desejo de nada e ao nada do desejo, como que articuladas por uma dobradiça que as obriga serem pensadas no mesmo lugar.

É também preciso tomar de empréstimo, de Pierre Fédida (1991, p. 78), uma reflexão sobre a transferência a fim de construir essa ideia de figura que serve ao estudo, tal como se lê em *Nome, figura e memória*: cabe ao analista permitir a constituição de um espaço para que o analisante possa colocar a linguagem *em figura*, ou seja, para que consiga dar alguma visualidade ao dito, pois, se o visual é "menos uma forma de espacialização que uma condição de figuração", então cabe, na sessão, dar "incitação visual da função nominativa das palavras da fala"; há, com efeito, um processo de figurabilidade (*Darstellbarkeit*) em jogo nessa situação que não deixa de incluir a atividade onírica respectiva à formação de imagens, sejam elas conscientes ou não, como sugeri em pesquisa anterior (Dionisio, 2012, p. 295-318).

Somado a isso, predicá-las enquanto *crítico-clínicas* é uma ação que visa reconhecer seu grau de representatividade no contemporâneo, a saber: cada uma à sua maneira, anorexia e melancolia parecem funcionar como antípodas siamesas de um laço social hipercapitalista, mas isso na condição de que, ao performatizar uma espécie de "corpo sem desejo" – afinal, uma sociedade do consumo precisa de um pouco de desejo, justamente a fim de controlá-lo –, excluem-se de maneira mais ou menos voluntária frente ao que esse mesmo arranjo demanda dos indivíduos que ele fagocita na medida de seu "realismo", como assim proporia Mark Fisher (2020) em seu mais conhecido ensaio.

Com efeito, Lacan mesmo já sugeria, e isso desde a década de 1970, que o discurso capitalista "não faz laço" (Lacan, [1969-1970] 1992). Ora, ao dizer "laço social hipercapitalista", procuro não obstante dar uma forma possível para um paradoxo socioeconômico que acomete o presente, dentro do qual se impõe o neoliberalismo enquanto gestor do sofrimento psíquico (assim explorado por Safatle; Dunker; Silva Jr., 2021);[30] a meu ver, por um lado, há a exigência (fundamentalmente superegoica) de que o sujeito se insira com competência na vida social, pertencimento que, até certa medida, é necessário à sua sobrevivência, haja vista a condição gregária dos *sapiens*; por outro, resiste uma negação que os sujeitos melancólico e anoréxico dirigem contra ela ao não se deixarem assujeitar tão facilmente a essa mesma exigência, que, como se verifica sem grande dificuldade, não se dá sem algum nível de *excesso*. Porém, como propõe o filósofo sul-coreano Byung-Chul Han (2010, p. 181), nossa sociedade do desempenho *produz* depressivos e fracassados em seu próprio seio: assim, a ambiguidade desse laço se refere principalmente à *existência e negação* (mais uma identidade de contrários, como diria Rancière!) de uma mesma realidade: ora, não estaríamos vivendo em situação de cada vez maior "temperamento" anoréxico (Girard, 2008, p. 83) com o objetivo de combater a... anorexia?

Se não de forma claramente sintomática, e ao apresentarem, ambas, um "estado rebaixado do investimento nas relações e nos objetos, denunciando algo da ordem da depressão" (Vorcaro, 2015, p. 86), anorexia e melancolia parecem recusar, de mãos dadas, a face mais hipócrita das *exigências* desse contrato social precário, de modo que as poderíamos encarar como uma variante do "sintoma social dominante" (Melman, 1992, p. 66), isto é, um "acontecimento crítico", como propõe por sua vez Didi-Huberman (1998), que predominaria no corpo social tal como já ocorrera à própria melancolia "na tradição do pensamento anterior a

---

[30] Não posso deixar de mencionar, aqui, uma coincidência: os autores igualmente se utilizam da expressão "figura" a fim de circunscrever seu objeto de pesquisa, quando ali se referem, por exemplo, à produção de "figuras da subjetividade" que surgiriam na esteira do neoliberalismo (Safatle; Dunker; Silva Jr., 2021, p. 10).

Freud" (Kehl, 2009, p. 40). Assim, anorexia[31] e melancolia parecem continuar indicando, na medida em que representam uma ordem da doença e do sofrimento psíquico a eles correspondentes no agora, certas linhas críticas nas quais os processos de subjetivação se dão em meio a um conjunto de turbulências espaço-temporais mais ou menos visíveis a olho nu. Pois, entre o desejo de nada e o nada do desejo, é provável que haja uma *continuidade na descontinuidade* frente à qual a filosofia de Schopenhauer funcionaria como espelho:

> Trata- se, portanto, de um elemento radical, a vontade, e a partir dela, as suas manifestações conscientes ou inconscientes, racionais ou vegetativas, decididas ou disfarçadas. Por isso o valor da negativa deve ser visto com cautela, na medida mesmo em que a própria vontade é cindida na efetividade e do conflito entre tendências pode surgir uma norma conciliatória, às vezes uma ilusão, uma fantasia, uma satisfação alucinatória qualquer, ou uma denegação. Muitos gostariam de ver na Metafísica do belo ou no ascetismo uma forma efetiva de libertação do querer, mas não se trataria talvez de um querer *doente*, um querer que quer não apenas negar, mas verdadeiramente repudiar a existência na individuação (Fonseca, 2017, p. 57, grifos meus).

De forma inusitada, nos *Estudos sobre a histeria* Freud se utilizara do termo "abulia",[32] retirado da psiquiatria francesa do século XIX, para evocar a circunstância apática na qual se encontrava a senhorita Emmy Von N., condição que aliás

---

[31] É provável que René Girard (2008) não concordasse com a tese, pois, segundo o autor, o desejo anoréxico seria necessariamente *"mimético"*, no sentido do caráter irresistível que a espetacularização da magreza ganha na contemporaneidade. O sujeito anoréxico entraria, dessa forma, numa espécie de rivalidade frente à sociedade como um todo, o que sustenta sua insistência em emagrecer.

[32] Sobre o assunto, vale conferir artigo de Serge Leclaire (2001).

se caracterizava como um tipo de "paralisia psíquica muito especializada" (Freud, [1893-1895] 1996, p. 108) a ser observada por meio de sua inacessibilidade associativa ou, a rigor, de sua *impossibilidade de realizar novos investimentos*. Hoje, é bem provável que essa sintomatologia possa ser associada à chamada *anedonia*, condição que os psiquiatras descrevem a partir de uma perda de interesse ou de prazer referente a coisas das quais antes o paciente gostava – condição que, convenhamos, Freud intuiu há mais de século. Desse modo, creio que a radiografia realizada com este estudo, motivado pelo friccionar dos conceitos de *desejo* e *nada*, permita dar um primeiro passo a fim de investigar certas vicissitudes dessas duas posições psíquicas e cuja presença pude inclusive verificar, por meio de uma pesquisa anterior (Dionisio, 2016), que igualmente corroboraria algumas observações de Julia Kristeva (1993, p. 18) em seu estudo acerca das *Novas doenças da alma*: para além da questão existencial em jogo, mas sendo suplementar a ela, parte-se do pressuposto de que ambas as figuras serviriam como forma exemplar de expressão para um sentimento próprio em dada condição psíquica, evidentemente específica para a melancolia,[33] assim como para a anorexia. "Esses novos pacientes", pergunta-se com astúcia Kristeva, "seriam eles produzidos pela vida moderna", isto é, uma vida que agrava as condições familiares bem como "as dificuldades infantis de cada um", a ponto de transformá-los em "sintoma de uma época?" Ou será que a atual dependência medicamentosa somada à forte captura pelas imagens operariam como "variantes contemporâneas de carências narcísicas" existentes desde sempre? "Enfim", conclui a psicanalista, "tratar-se-ia

---

[33] Há uma descrição de Noga Arikha (2005, p. 235) digna de menção; citando Bright, ela diz: "vista do exterior, ou seja, sob a ótica de [...] uma desregulagem humoral, ela bem poderia ser uma patologia; vista do interior, isto é, sob a ótica da observação psicológica ou da autoanálise, é uma forma de apreender e habitar o mundo".

de uma mudança histórica quanto aos pacientes ou de uma modificação na escuta dos analistas, que vem afinando sua interpretação frente a sintomatologias antes negligenciadas?" (Kristeva, 1993, p. 19). Enfim: existiriam, rigorosamente falando, *novas* doenças da alma?

Tais considerações teriam pertinência a fim de subsidiar uma prática que parta da noção de crise para combiná-la à de sintoma, isto é, uma *clínica-crítica* que mobilize suas ferramentas diante do problema: para tanto, há que ter em vista que desejo de nada e nada do desejo são o *resultado* de uma situação estrutural, o que significa dizer que a estrutura seja anterior e por conseguinte causa, não consequência, desses *nadas*, ao menos naquilo que se refere à escuta psicanalítica.

Por fim, cabe ainda advertir, na esteira de que propõem Didi-Huberman (1990, p. 15) e mesmo Rancière (2009), que neste ensaio não se pretende extrair de Freud uma "metodologia clínica das imagens" cuja meta serviria de aplicação para os objetos aqui referidos, mesmo que a concepção de sintoma possa ser tão sedutora nesse contexto; trata-se, com efeito, de tomar o caráter sintomal, indiciário dos fenômenos em jogo, com o intuito de refletir acerca da posição crítica que os sujeitos da anorexia e da melancolia manifestam frente a um dado laço social que, por sua vez, subsidia a forma como se entende o sofrimento psíquico nele (no laço) implicada.

Esboçando uma resposta parcial, minha hipótese é que as imagéticas do nada que almejei dispor se referem mais diretamente ao paradigma da *foraclusão localizada*, na medida em que falta e incompletude (que considero mais apropriadas para pensar naquilo que se costuma caracterizar clinicamente como *vazio*) indicariam algo próximo de uma constituição pela via do recalcamento. O que por outro lado não quer dizer que a melancolia seja condição exclusiva da psicose tanto quanto a anorexia o seria em relação à neurose – convocarei, na sequência, estudos que possam sustentar uma afirmação dessa natureza. Tomar a foraclusão como sendo localizada (a predicação é de J.-D. Nasio) visa dar conta de certas condições subjetivas em que não cabe um emprego no sentido estrutural do termo, ou seja, como determinante de uma edificação psíquica fixa. Não é essa a tese de Jean-Michel Vivès (2020), como veremos; contudo, parto do pressuposto de que essa concepção seria complementar à indicação de Vivès, que preserva a melancolia no primado de uma condição *narcísica* específica em certas neuroses. Um exemplo que pode ser evocado, de forma extremamente fértil, fora trabalhado, cada uma à sua maneira, por Isildinha B. Nogueira (1998) e Neusa S. Souza ([1983] 2021), que apontam nessa mesma direção quando abordam a passagem do eu ideal ao ideal de eu concernente ao processo de subjetivação da pessoa negra: tendo em vista o *cativeiro psíquico* (como sugere brilhantemente a primeira) sob o qual se encontra ideologicamente *sobreposto*, ao sujeito (negro) não restaria saída senão cair em franca *melancolização* (conforme diagnostica a segunda).

É preciso concordar, contudo, com Fuks e Pollo quanto a pensar que a anorexia não deve ser considerada uma nova patologia (sendo a melancolia muito menos), tal como, segundo as autoras, querem fazer crer os sensacionalismos "psi" mais recentes, subjugados também à lógica do algoritmo das *social media*; porém, talvez valesse sublinhar que essa é uma forma privilegiada em que o sintoma (*nadificação* do desejo à qual venho aludindo ao longo deste ensaio) se apresenta crítico-clinicamente na atualidade, sobretudo na medida em que o "que há de novo" e "que seguramente contribui para o aumento de manifestações mórbidas na atualidade está diretamente ligado ao desenvolvimento maciço do capitalismo na sociedade de consumo" (Fuks; Pollo, 2010, p. 413).

Nessa perspectiva, "o par anorexia/bulimia não deixa de ser uma oposição à cultura, aliás, como qualquer outro sintoma subjetivo". Afinal, concorre aí, igualmente, uma casuística que parece vir ao encontro da questão colocada, fenômeno que ocorre desde ao menos a década passada: como defende Teresa Pinheiro (2012, p. 18), "os atendimentos na área privada e em instituições apontam há alguns anos para um número cada vez maior de casos de depressão, anorexia, bulimias e fobias, além dos casos de dependências químicas".

Em outro belíssimo ensaio de Kristeva (1987) – "*Sol negro: depressão e melancolia*" –, o leitor se deparará, não sem alguma surpresa, com mais uma imagem capaz de apoiar essa hipótese acerca de uma dobradiça entre as figuras; trata-se de *O corpo de Cristo morto no túmulo*, pintado por Holbein (o jovem) ainda na primeira metade do século XVI (1521), obra que apresenta de forma demasiado humana um deus de carne e cujo corpo desesperadamente morto impõe uma dupla sensação: por um lado, a melancolia consequente da irremediável perda (sim, um deus de carne pode de fato morrer), perda que por sua vez leva à "angústia catastrófica irrepresentável própria aos melancólicos" (Kristeva, 1987, p. 144); por outro, dá a ver a esqualidez desse mesmo deus, uma espécie de representação anoréxica e ao mesmo tempo claustrofóbica que antecipa em muito a própria noção – mesmo a médica – de anorexia. Não teríamos diante dos olhos um Cristo anoréxico-jejuador, asceta melancólico que opera enfim a derrelição da grande renúncia a ponto de se sacrificar por seu rebanho? Se, como indica Kristeva, o Cristo retratado pelo jovem Holbein abre possibilidades para se "perder o *gosto* pela vida" (p. 13, grifos meus), talvez possamos apostar ainda algumas fichas nesse caminho que implica a amarração entre as posições crítico-clínicas percorridas até então.

Privação e abstinência alimentar são fenômenos que remontam às condutas ascético-religiosas reportadas a partir do século XV, em sua grande maioria ligadas ao tabu relacionado à falta de alimentação – tabu porque almejavam, nesse caso, um processo "artificial" de santificação decorrente do controle absoluto do "eu sobre o corpo". A pesquisa de Cunha (2015) aponta que as primeiras descrições da anorexia já teriam sido feitas na literatura teológica localizada entre os séculos V e XVI, como nos casos das jovens jejuadoras que seriam reconhecidas posteriormente como santas pela Igreja Católica ("santas anoréxicas" se tornou expressão corrente para caracterizá-las). Isabelle Meuret (2006, p. 16), por outro lado, sugere a existência de descrições da sintomatologia anoréxica que remontam a Hipócrates, mas que não obstante guardam aspectos em comum com as descrições classicamente consagradas no século XIX tanto na Inglaterra quanto na França, e que vão da *apepsia hysterica*, de William Gull (1868), à *anorexie histeryque*, de Charles Lasègue (1873). Historicamente falando, ou melhor, da Idade Clássica à Modernidade, Hipócrates, Gull e Lasègue sublinham a presença de um "gozo" que flerta com a dinâmica de *tentação* que o objeto (comida) produz. Convém mencionar, por fim, que a descrição médica dessa "patologia" (as aspas se referem ao fato de que as descrições do médico inglês Richard Morton,[34] precursor nesse contexto, não empregam a expressão "*anorexia*", embora sua casuística aponte claramente para ela) iniciará somente na segunda metade do século XVII, antes mesmo que a medicina de Lasègue (1998) conduza tais estudos à incipiente modernidade.

Já em termos propriamente analíticos, a hipótese trazida por Éric Bidaud (1998, p. 10) em sua pesquisa *Anorexia*

---

[34] Depois dele, Pinel, Brunetière e Garré, Eliacheff e Lasègue serão médicos igualmente envolvidos com a problemática, conforme aponta a pesquisa de Bidaud (1998).

mental, ascese, mística é que o sujeito estaria enredado pelo desejo incestuoso de sua função materna, por um lado, ao passo que, por outro, mantém-se "intocado" pelo desejo do pai. Numa dialética que faz curto-circuito entre *vazio e nada*, o desejo anoréxico "se nega e por trás dele perfila-se algo além do nada" sob perspectiva "brilhante e sacrificial" (p. 10); de outra forma, é como se o anoréxico contemplasse o nada "na abundância do todo", assim "reunindo o vazio através da espessura do ser", como complementa a esse respeito Chistiane Balasc (1990, p. 50). Ora, sabe-se que, etimologicamente falando, o termo "anorexia" vem de *"orexis"*, isto é, *privação* do desejo: daí a hipótese (amparada em Lacan) de que na anorexia não haveria um nada do desejo, mas um desejo de nada que é, a rigor, um desejo, ainda que privado.

Mas é preciso sublinhar, igualmente, outro traço marcante: o abandono e o afastamento progressivo do objeto alimentam um masoquismo mortífero que só se pode compreender sob a ótica do paradoxo; afinal, a diminuição do investimento no objeto é acompanhada por um refluxo narcísico, cuja "preocupação consigo mesmo" se tornaria exclusiva na anorexia. Se se manifesta, clinicamente, uma ameaça do anoréxico à sua própria vida, não é por falta de interesse em sua conservação, mas, ao contrário, é porque ela só "pode" ocupar-se disso e se vê na impossibilidade de encaminhar seu interesse por outra coisa. "Toda cena mística ou iniciática faz apelo a uma ascese", escreve nesse sentido Bidaud (1998, p. 40), "compreendida como oferenda, isto é, a provação voluntária de um prazer ou de um bem, na medida em que essa renúncia é a própria via do poder." A anorexia revela, nesse sentido, a existência de um irresistível *prazer* na renúncia. Das tradições ascéticas, a cristã é a que claramente mais teria avançado nesse caminho – eis, a propósito, uma ótima oportunidade não para reunir, mas para *opor* vazio e nada: o "'grande vazio' que o meditante percebe e de que participa", conclui o psicanalista, "é o oposto no niilismo. Ele é a suprema *plenitude*", o "nada substancial". Em outras palavras, tal vazio, que nada mais é que pura negatividade, ativa e voluptuosa, "não tem fim nem começo, está mergulhado no infinito onde se unem as contradições" (p. 42, grifos meus).

O desenlace lógico dessa condição é a chegada à apatia, que, como conclui o autor, é o "efeito de uma conquista e de um embate metódico. A anoréxica, por sua vez, define frequentemente seu estado como uma luta com vistas a uma espécie de poder" (Bidaud, 1998, p. 45). Note-se que *imagens* que almejam retratar ou mesmo contornar o vazio parecem circundar muito fortemente a experiência anoréxica, tal qual o relato de Catherine Couanet (2010), professora de Artes que lida com esse público em seu ateliê, ajuda-nos a verificar. Com isso, pretendo apenas destacar que todas as leituras terapêuticas disponíveis (sejam elas psicanalíticas ou não) revelam a existência de um denominador comum: apostam no *vazio contra o nada* e têm razões para tanto, já que àquele restaria a esperança de induzir o sujeito a inscrever-se em algum tipo de *objetalização*.

Ora, nesse contexto, a morte parece agravar o desejo a ponto de se estabelecerem coincidências diretas entre o "projeto místico" e o projeto anoréxico: em ambos reside a paixão do corpo libidinalmente mortificado (como o do Cristo de Holbein, introduzido há pouco), pois ele só existe na medida em que sofre. "É preciso ver o objeto tentador, sofrer seu fascínio e dominá-lo. A morte de si mesmo, procurada, aparece sob o duplo signo contraditório do apavorante e delicioso. O sujeito rejeita aquilo que o atrai, mas abandona-se àquilo que teme." Assim, ele "é um ser dilacerado" (Bidaud, 1998, p. 66) na medida em que o desejo lhe atravessa de cabo a rabo e em toda parte, apesar de suas tentativas de negá-lo por meio de uma indiferença muito característica que evita medidas de preservação. No sujeito anoréxico imagina-se "viver mais, mais perigosamente, mais magnificamente", uma vez que, nele, "a aproximação da morte" se transforma em "aguilhão da sensualidade" (p. 57).

Do desejo o sujeito anoréxico "recusa a essência fundamental que é a falta", já que, a ele, "nada falta" (Bidaud, 1998, p. 75). Seria o caso de pensar que na anorexia reina, por conseguinte, uma *falta de nada* (endereçada à mãe, nesse caso, como defende o autor)? No entanto, é esse nada, justamente, que o sujeito desejará. Por que, então, no sujeito anoréxico "há desejo, e não o nada?" – eis uma questão central que nos interessa aqui. Bidaud não consegue respondê-la: "Na abordagem da 'desejância' da mãe, com quem a criança irá se confundir, se identificar, para se constituir" – ensaia, contudo –, "coloca-se o enigma, uma certa forma de *Unheimlich*, de inquietante estranheza" (Bidaud, 1998, p. 77).

Em termos mais especificamente metapsicológicos, Recalcati (2000; 2001) "substancializa" (ou objetaliza) o problema ao sugerir a existência de "dois nadas" próprios à anorexia, e é preciso sublinhar que sua contribuição traz grandes avanços quanto ao estabelecimento de uma *clínica diferencial* da anorexia, da qual não podemos abrir mão: o primeiro, paradigma da chamada anorexia histérica, destina-se a uma manobra de separação, visando com ela transformar a onipotência do Outro – tal como pensada por Lacan – em impotência; invertendo as polaridades, funciona como resposta de *defesa* à Sua demanda sufocante.[35] Já o segundo, ligado às condições mais graves e de cunho psicótico, indicaria um *eclipsamento* do desejo no sentido do esgotamento da demanda que conduz, rumo à morte, o sujeito mediante

---

[35] Segundo Marcos (2014), Recalcati se ampara no Lacan de *As relações de objeto* (Lacan, [1956-1957] 1995), mas também em "A direção da cura e os princípios de seu poder" (Lacan, [1957-1958] 1999).

a "nirvanização" do desejo. Haveria, nessas situações, um nada que não adentra a dialética da demanda e do desejo: tratar-se-ia portanto de uma "toxicomania do nada, vertente na qual o gozo mortífero ganha o primeiro plano da cena" (Marcos, 2014, p. 995), isto é, onde o suicídio se apresenta como opção viável. Para Recalcati (2001, p. 28), não se está diante de um nada que exclui o outro, mas de pensar ambos compondo uma "fecunda aporia" capaz de capturar o sujeito. Assim, o desejo e sua negação coexistiriam como em tensão vital situada na antessala de qualquer apelo feito em direção aos objetos.

De acordo com essa teoria, clássica no contexto psicanalítico, a neurose se manifesta conforme a falta de objeto – ou do objeto sendo falta – a fim de preservar o desejo enquanto se mantém constantemente uma insatisfação. "O vazio da anoréxica também está próximo, sob modo desesperado, da abordagem preenchedora do nada", declara ainda Éric Bidaud (1998, p. 138), ou seja: quanto à anorexia, essa função do nada seria ilustrada com a "falicização do corpo magro" mais ou menos incomodamente apresentado ao olho do Outro. Na psicose, entretanto, "o gozo não é contido pela função fálica e se apresenta sem limite, fora do discurso. Estamos, nesse terreno, fora das coordenadas fálicas e edipianas próprias à neurose" (Marcos, 2014, p. 998), com o real parasitando o corpo do anoréxico. Na esteira de Monique-David Ménard, Bidaud (1998, p. 140) destaca a importância de "fazer a diferença entre o semblante de objeto *a* ao qual se identifica a histérica e a identificação real com a perda que se pode observar", em suas próprias palavras, "na *posição melancólica*".

Como não é difícil constatar, a vertente lacaniana tem o costume de interpretar o nada não como falta, mas como *objeto-nada* exercendo função de suplência. Jacques--Alain Miller, nesse sentido, pensa que esse objeto-nada seria "o único objeto *a* que não funciona como causa do desejo. Ele encarna uma função de antidesejo. Sua ação como objeto causa é uma ação de inércia, desvitalizante" (Marcos, 2014, p. 1001). E Lacan, como se sabe desde ao menos a *Subversão do sujeito...*, lista o nada entre o conjunto dos objetos primordiais disponíveis à subjetividade (ou seja, somado aos objetos oral, anal e fálico; olhar e voz). Porém, resta ainda uma indagação: pensar o nada sob a égide do objeto não seria mais uma tentativa de subsumi-lo – sendo o nada *real por excelência* – ao registro simbólico? E, indo um pouco além, seria possível, psicanaliticamente falando, objetalizar ou substancializar o nada, ao preço de matar a questão pela raiz?

É preciso reter, daí, o impasse que se coloca à psicanálise no sentido do suporte corporal envolvido: no que tange à anorexia, a boca surge como elemento *originário* de onde a problemática deve partir, porque faz função de intermediária primeira entre o eu e o mundo. Enquanto "teatro da absorção e da recusa, do prazer e da dor, do erotismo e da crueldade" (Balasc, 1990, p. 9-14), não raro uma gramática alimentar basculante produz um forte sentimento de ausência, estado de não-pensamento e de totalização objetal que parece ser compartilhado entre as posições anoréxica e melancólica. É como se o sujeito anoréxico *buscasse* (inconscientemente, é claro) o estado (o afeto) melancólico. Há uma insistência, em muitos casos, em manter uma posição depressiva, narcísica certamente, como em nostalgia do paraíso perdido junto à "espera irreal de um mais-além da relação com o outro" (Bidaud, 1998, p. 139).

E assim o sujeito anoréxico flerta, como efeito direto da *culpa* (Fédida, 1999), com a chamada covardia moral, tão característica do melancólico. Nesse sentido, toma-se a forma de um narcisismo de morte (conforme a expressão consagrada por André Green), isto é, "um mais-além do princípio do prazer", "afânise do sujeito" ou mesmo uma via de "desaparição"; não é da ordem do desprazer o que se busca aqui, mas uma posição supostamente neutra, ou, ainda, a renúncia triunfal que conduziria o sujeito ao grau zero da vida. Eis que a pulsão de morte se exprime, enfim, "numa grande pureza" (Bidaud, 1998, p. 98), movimento em direção à Coisa (*das Ding*) em torno da qual gravitaria o desejo, mas que, aqui, transforma-se no nada a serviço de uma destinação final aos impulsos vitais. Como propõem Deleuze e Guattari (1980, p. 204), em chave de interpretação paralela, ora trata-se de "desejar sua própria aniquilação, ora que haja a potência de aniquilar".

Se o desejo, "por não se contentar com nenhum objeto, renova sempre a procura", do ponto de vista econômico oscilando "entre queda e amplitude" (Bidaud, 1998, p. 111), então na anorexia é como se o sujeito sempre sucumbisse à tentação do surgimento de *alguma coisa superior*. Assim, pode-se aventar que seu desejo de nada seria em verdade um "para além do desejo", ascese além-do-corpo ou aquém-da-carne que miraria a *Coisa* (tudo), mas alcança *nada*, equivalentes em termos absolutos. A negação surge, por conseguinte, como forma de existir, como ser-não.

E os que vivem pelo não caem em um "princípio da agonia, regido pela lógica do desespero, para além do princípio do prazer", como aponta, nesse sentido, J.-B. Pontalis (1988, p. 57). A clínica – sempre ela – é quem nos revela a coordenada axial dessa condição: tomando justamente a melancolia como modelo complementar aos processos de subjetivação, tais pacientes costumam deixar "os psicanalistas em uma situação bastante incômoda", que é "a de terem a sensação de que o instrumental psicanalítico não tem qualquer serventia" (Pinheiro, 2012, p. 19). Assim, creio podermos apostar na hipótese acerca de uma nadificação do desejo na atualidade pela via do par anorexia-melancolia, cujo *quantum* de energia tencionada à nulidade relega o sujeito à posição daquele "que nunca desejou, como sendo aquele que jamais foi fisgado pelo desejo"; para eles, a "vida foi sempre sem colorido, o tempo é o da eternidade" (Pinheiro, 2012, p. 24).

Não estaríamos frente a frente com um sujeito *psiquicamente niilista*? Na anorexia e na melancolia, não há pressa e não há espanto, sendo a vida marcada por uma perpétua monotonia.[36]

> No processo anoréxico revela-se uma dificuldade do sujeito em lidar com a perda, à realização de um luto. Neste momento de sua obra, essa perda de libido pode ser entendida como uma deserotização da atividade oral, já que, aqui, a anorexia é articulada com a melancolia. Em nenhum outro momento, porém, Freud fará este paralelo, passando a relacionar a anorexia com a histeria e consequentemente, com um aumento da erotização na zona oral que perturbava as atividades aí situadas (Silva; Bastos, 2006, p. 98).[37]

Tamanho *shifter* não deve passar despercebido, porque nos encaminha a pensar mais precisamente essa travessia que vai do desejo de nada ao nada do desejo: a tristeza perene, própria da condição melancólica, é descrita desde sempre, isto é, a partir de um Belerofonte em que tudo é "afastamento, ausência", no que concerne à visão da melancolia por Homero, passando ainda por Hipócrates, para quem tal estado se caracteriza pela duração prolongada de "temor e tristeza" concomitantes (Starobinski, 2016, p. 9). Se a *bile negra* era um "humor *natural* do corpo tal como o sangue", mas em

---

[36] Lambotte (1997) cunhou a expressão "recusa de intenção" a respeito dessa não disposição característica da melancolia.

[37] Abraham, por sua vez, sugere uma estreita ligação entre a melancolia e a fase oral do desenvolvimento da libido, chamando a atenção de Freud para a recusa em se alimentar nos casos graves de melancolia (Cunha, 2015, p. 697).

sendo "substância grossa, corrosiva, tenebrosa" que pode exceder, inflamar ou corroê-lo, assim como os demais humores (sangue, pituíta e bile amarela, como considera a medicina hipocrática), caberia justamente a Hipócrates fornecer o primeiríssimo "sentido literal de 'melancolia'" (Starobinski, 2016, p. 10, grifos meus) que conhecemos no Ocidente.

Refazendo sua trilha histórica, percebe-se que a *figura* do melancólico nunca assentiu à redução nosológica: o termo surge no início do século IV a.C., na Grécia, a partir da associação entre "*kholê*" [bile] e "*mélas*" [negro], e cuja caracterização ganhou forma nessa teoria dos humores misturada às quatro estações e às "quatro qualidades fundamentais da matéria (quente, frio, seco e úmido)", conforme pensava a medicina hipocrático-galênica. No entanto, se "há na Antiguidade uma psicoterapia dos estados depressivos, é nos textos dos filósofos que a encontramos" – lê-se na monumental pesquisa de Starobinski (2016, p. 22), "na forma de exortações morais ou 'consolações'. O que são a maioria das cartas e dos tratados morais de Sêneca senão consultas psicológicas, respondendo à demanda muito premente de um amigo aflito"?

"Sem dúvida", acrescenta ainda o autor, a clientela de Sêneca não comportava psicoses caraterizadas: "ele prodigaliza os seus conselhos a 'pequenos ansiosos', a neuróticos, a instáveis, isto é, aos que hoje recorreriam ao auxílio da psicanálise" ou a algum tipo de psicoterapia de apoio. E tais são os conselhos de Sêneca – cuja indicação vale sobretudo por seu estilo quase prescritivo:

> saber alternar o esforço e a descontração, a solidão e a conversa; não ficar constantemente fixado no mesmo objeto; consentir em reservar certas horas para o jogo e o divertimento; não esquecer que o corpo precisa do sono e lhe dar uma ração suficiente, sem excesso nem parcimônia. Também é preciso variar a existência com

passeios e viagens. E o vinho, contanto que não ultrapasse a embriaguez alegre, pode ser às vezes libertador. (Aqui se vê que o filósofo concede prazeres que o médico o mais das vezes proíbe.) [...] [É assim que vemos um estoico tentando aliviar o angustiado,] moderando a reivindicação muito imperiosa da consciência moral (ou do "superego") que o atormenta. A tranquilidade da alma não é uma sabedoria imóvel e paralisada; é um movimento livre, descontraído, sem choque e sem arrebatamento (Starobinksi, 2016, p. 23).

Em seguida, entram em cena as teorizações teológico-morais que frutificaram da Antiguidade tardia à baixa Idade Média, quando a teoria dos humores se associa à astrologia e, em particular, à "regência de Saturno". Mas é também nesse momento que as figuras da melancolia e da anorexia parecem convergir historicamente, ainda que em oposição: como relata Urania T. Peres no posfácio a uma edição especial para *Luto e melancolia*, a Idade Média é

> herdeira da acédia – do grego *akêdia* –, uma alteração do humor comum entre os padres do deserto, monges que, a partir do século IV, povoaram os desertos do Egito, da Palestina e da Síria em busca de uma vida contemplativa, ascética e de meditação. A acédia, considerada um dos "oito maus pensamentos" ou "oito vícios capitais" não é, pelos religiosos, associada à melancolia; é uma questão da vida espiritual. Sua ação mortífera é atribuída ao demônio, "demônio do meio-dia", "demônio meridiano". A solidão, o calor, *a vida de privações, as restrições alimentares* produziriam uma perda da fé e de todo o sentido da vida (Peres, 2011, p. 103, grifos meus).

Quanto ao ascetismo, portanto, as posições aludem a um dissenso, mas apenas à primeira vista: se na melancolia a regência se dá pela *perda* da fé, para as "santas anoréxicas" parece tratar-se de alcançar *maior* fé visando chegar, não sem passar por severas restrições, mais perto do deus. O Renascimento faz pairar sobre a melancolia a figura do gênio, a ponto de ser considerado sua idade de ouro – e uma retomada da visão aristotélica parece ter contribuído bastante para essa associação, como acrescenta Peres (2011, p. 105). Sob a influência de Marsilius Ficinus e dos platônicos de Florença, "a melancolia-temperamento aparece como o apanágio quase exclusivo do poeta, do artista, do grande príncipe, e sobretudo do verdadeiro filósofo" (Starobinski, 2016, p. 46). Os séculos XVI, XVII e XVIII começam a se apropriar da melancolia como objeto-doença, de modo a ser percebida "não apenas como sinal de talento, mas como uma desordem do pensamento e do humor" (Peres, 2011, p. 106) que se estende ao homem comum.

Contudo, Starobinski (2016, p. 8) adverte que o termo[38] é preservado pela linguagem médica "desde o século V da era cristã", ainda que a teoria hipocrática dos humores tenha perdurado ao longo de toda sua história, de tal maneira que os rastros serão encontrados até a metade do século XVIII e o início do XIX. Nesse meio-tempo, aliás – ou seja, durante a ascensão do cristianismo –, tem-se notícia de um largo emprego de práticas de oração e contemplação que, almejando facilitar o contato pleno com o deus a fim de evitar *a perda de sentido da vida*, consistia fundamentalmente no abandono das paixões e dos pensamentos à medida que se alcança um estado de "nudez das formas";[39] assim, com

---

[38] A psiquiatria contemporânea, em seu furor descritivo, cunhou a denominação "transtorno afetivo-bipolar" (antes intitulada por Kraepelin de "psicose maníaco-depressiva"), para dar uma cara comercializável a essa estrutura que já vinha sendo discutida muito antes de Freud. Este, de sua parte, consentia que à melancolia se reservava também a ocorrência de episódios maníacos.

[39] Vale registrar que há um conjunto enorme de nuances que vai da *acedia* à melancolia no interior da teologia moral, objeto que não será possível abordar aqui: cf. DITOS espirituais dos pais do deserto. Trad. Jean Gouillard. Disponível em: https://www.ecclesia.com.br/

relação ao ascetismo, se num primeiro momento opõem-se, em seguida confluem em termos de forma e conteúdo.

Esquirol e Kraepelin serão, na esteira de predecessores como Griesinger e Cotard, os principais responsáveis por expurgar o termo "melancolia" da medicina, relegando-o definitivamente aos poetas. Na mesma trilha antes aberta por Pinel, concebem que a doença se resumiria à ideação delirante que habita, de forma parasitária, o indivíduo, ou seja: a eles não já interessa mais a figura social da melancolia, mas o *doente* melancólico. Para tratá-lo, não obstante será preciso apelar para uma série de *dispositivos teatrais* que visam descortinar o absurdo das ideias fixas do paciente, como se, para retirá-lo do delírio, fosse necessário antes entrar nele, o que se traduziria em *atuar*, em sua ampla significação, como que de dentro pra fora: "Para tirar o doente de sua depressão, na qual nada parece tocá-lo, é preciso uma brusca revolução, um *coup de théâtre*", acrescenta Starobinski (2016, p. 70), resumindo assim o tratamento moral do século XIX. De forma prudente, contudo, tais médicos não supõem haver cura derradeira para a melancolia, e sua "impotência" poderia facilmente levar essa medicina a buscar refúgio no niilismo terapêutico como antídoto ao niilismo melancólico, pois, se "nada age, portanto não façamos nada". Porém, como se sabe, "a medicina detesta ficar de mãos vazias", de forma que o "homem melancólico, por algumas dezenas de anos mais, permanecerá o tipo mesmo do ser inacessível, prisioneiro de uma masmorra cuja chave ainda precisa ser encontrada" (Starobinski, 2016, p. 107-108).

Ora, "depois de percorrer a cultura ocidental desde Aristóteles, carregado de signos de sensibilidade, originalidade, nobreza de espírito e outras qualidades que caracterizam o gênio

---

biblioteca/monaquismo/ditos_espirituais_dos_pais_do_deserto. html. Acesso em: 13 maio 2024.

criador" (Kehl, 2011, p. 40), encontramos finalmente Freud, divisor de águas no tocante ao modo de abordar a questão, já que liberta a condição melancólica *médica* do dispositivo *exclusivamente médico* de até então: com a psicanálise, passa-se a encará-la, e com especificidade ainda não vista, como a situação em que se coloca à prova a perda irremediável do objeto diante das consequentes vicissitudes da realidade.

> A identificação narcísica com o objeto se torna então um substituto do investimento amoroso e disso resulta que, apesar do conflito, a relação amorosa com a pessoa amada não precisa ser abandonada. Tal substituição do amor objetal por identificação é um mecanismo importante para as afecções narcísicas [...] Corresponde naturalmente à regressão de um tipo de escolha de objeto para o narcisismo originário. Em outro lugar, mostramos que a identificação é a etapa preliminar da escolha de objeto, e é a primeira modalidade, ambivalente na sua expressão, pela qual o ego distingue um objeto. Ele gostaria de incorporá-lo, na verdade, devorando-o, de acordo com a fase oral ou canibalística do desenvolvimento libidinal. Abraham, com razão, remete a esse contexto a recusa da alimentação que se apresenta na forma mais grave do estado melancólico (Freud, [1917] 2011, p. 33).

Numa visão pouco convencional, Jean-Michel Vivès (2020, p. 38) considera que o sujeito melancólico estaria como que "suspenso a um grito que parece não poder se transformar em chamado", impasse que o manteria preso ao registro da perda do objeto – fora da psicose, portanto –, embora isso seja igualmente suficiente para inscrevê-lo no conjunto das neuroses de transferência, porque estaria impedido de partir "em busca de outra Coisa" (p. 41). Nessa medida, Vivès revigora a noção freudiana de "psiconeurose narcísica" no *stricto sensu* de seus termos, ou seja, *neurose* e *narcisismo*, reconduzindo a melancolia à condição de *estado* e não de estrutura. A seu modo, Lambotte (2000) e Peres (2011) parecem concordar com a hipótese, em certa oposição ao estudo de Kehl (2009): "nem simplesmente neurose, nem simplesmente psicose", como afirmou a segunda, a melancolia seria então "uma maneira de estar no mundo sem a reclusão do louco" assim como "sem a entrega e a submissão aos imperativos do Outro" (Peres, 2011, p. 128-129).

Além disso, se seguirmos as pegadas deixadas por Freud em *Luto e melancolia*, depararemos em filigrana com o fato de que em nenhum momento ele diagnostica, de forma categórica, que a melancolia devesse figurar junto à esquizofrenia e à paranoia, concordando, assim, com Bleuler (Lambotte, 2000, p. 60): com efeito, essa virada iria acontecer apenas com os textos publicados a partir de 1919 (Castro, 2020), figurando *Mais além do princípio de prazer* como epicentro da mudança. Ao fim e ao cabo, valeria questionar: em sua busca pelo objeto de (impossível) completude – impossível porque nem aquele nem esta existem, psiquicamente falando –, a melancolia não expressaria o paradigma do *funcionamento geral da neurose*?

> Diferentemente da foraclusão na psicose, a negação na melancolia se exprime no registro da linguagem e acompanha um comportamento orientado em manter à distância todo investimento possível. Assim, a realidade não é rejeitada – como se esse sujeito nada tivesse podido saber – mas faz com que o sujeito se identifique com o "resto" da operação que o constituiu, de modo a se ver então marcado pelo significante "nada", o qual caracterizará sua relação com o Outro (Vivès, 2020, p. 51).

Quanto aos objetivos deste meu estudo, não se pode negligenciar que *Luto e melancolia* remonta à relação entre condição melancólica e rejeição alimentar quando se apresentam sob a forma patológica do luto, no qual vigoraria um quadro de "inferioridade, diminuição da autoestima e empobrecimento do eu", conforme indica Cunha (2015, p. 688). Mais precisamente, em ambas se encontra paradoxalmente a recusa de uma realidade outra que não seja a do *excesso*, numa vertente (como no caso da anorexia, para quem o agenciamento da maternagem enfia no sujeito um significante goela abaixo), ou da *perda* (do objeto, como se sabe), dela complementar; nesse sentido, Ginestet-Delbreil (1987, p. 103) acrescentaria que essa articulação deve ser compreendida sob a égide de um não deslocamento metonímico em respeito ao objeto; a meu ver, trata-se de uma suposição válida, pois, ao dizer "não deslocamento metonímico", verifica que, no par anorexia-bulimia, "o objeto, ou ainda o representante desse objeto" não fora ainda constituído, apontando para a possibilidade de que não esteja perdido e portanto não se presta a reencontros com possíveis substitutos metafóricos, tal como ocorreria nas neuroses comuns.

A "existência da realidade não é de modo algum colocada em questão pelo sujeito melancólico", escreve Vivès (2021, p. 52), "mas é o investimento possível nessa realidade que se torna problemático"; em outras palavras, é como se a realidade servisse relativamente bem para os humanos, com exceção do melancólico, que, não raro, vê-se justamente como um ser *excepcional*, porque mantém "contato direto com as exigências do Destino" – como recorda Lambotte (2000, p. 51) em sua hipótese em torno de uma "melancolia kierkegaardiana". Quanto ao sujeito anoréxico, em paralelo, impõe-se um pêndulo que o faz oscilar entre duas condições: por um lado se apresenta a estase do desejo, condição ela mesma *depressora*, por assim dizer, que o condenaria a uma proximidade perigosa da pulsão de morte,[40] reduzindo-o arriscadamente a nada; por outro, o desejo de transgredir os limites de abolição da

---

[40] Tal proximidade é acertadamente apontada por Radmila Zygouris em *Pulsões de vida* (1999, p. 10).

vida, nesse caso mediado pelo objeto *tentador*[41] (alimento), poderia conduzi-lo igualmente à morte. Trata-se, portanto, de um impasse em torno da objetalidade, mas que nesse caso empurra o sujeito ao precipício justamente por tentar evitá-lo (o objeto) com uma força descomunal.

Em suas publicações iniciais, tal como se nota com o Rascunho K, Freud chegara a subscrever a anorexia à modalidade de uma "neurose nutricional" *correlata* à melancolia; nesses artigos anteriores à *Traumdeutung*, a anorexia seria quase uma forma de melancolia na qual houve algum outro impedimento, certamente mais específico, embora dentro da ordem da sexualidade. A "famosa anorexia nervosa das moças jovens, segundo me parece", conforme assentiu após "cuidadosa observação", seria na verdade "uma melancolia em que a sexualidade não se desenvolveu. A paciente afirma que não se alimenta simplesmente porque não tem nenhum apetite; não há qualquer outro motivo. Perda do apetite – em termos sexuais, perda da libido" (Freud, [1896] 1996, p. 283).

Eis que a hipótese acerca de uma função central do *narcisismo* em ambas as figuras crítico-clínicas surge com toda a sua força, sobretudo na medida em que o conceito possa ser entendido como "pivô" (Cunha, 2015, pos. 1011) para a dobradiça. O *infans*, que a certa altura deveria abandonar o objeto escolhido, sofre uma regressão ao narcisismo primário e introjeta, ou melhor, *identifica*-se com o objeto por meio da introjeção – o que marca grande diferença em relação à histeria, cuja subjetividade depende da identificação com o traço de inscrição do desejo. Aquilo que deveria ser abandonado fica perdido no si mesmo, de tal modo que ao eu restaria apenas *devorar* o objeto. A operação, no entanto, deixa um resto, o rastro de uma perda de "não se sabe muito

---

[41] "Se a histérica luta contra a sedução, a anoréxica luta contra a tentação" (Bidaud, 1998, p. 72).

bem o quê" nesse eu agora melancolizado. Isso justificaria, por exemplo, a existência de uma queixa que o sujeito sempre direciona a esse (eu) estranho que o habita; e é precisamente o impasse de tal processo que permite a Freud dizer que o melancólico teria uma organização de defesa predominantemente narcísica, ainda que sob o *primado da neurose*.

> Esse conflito de ambivalência, seja ele de origem mais real, ou mais constitutiva, é um dos importantes pré-requisitos para o surgimento da melancolia. Uma vez tendo de abdicar do objeto, mas não podendo renunciar ao amor pelo objeto, esse amor refugia-se na identificação narcísica, de modo que atua como ódio sobre esse objeto substituto [...] após ter-se refugiado na enfermidade para não ter de lhe mostrar abertamente sua hostilidade, o sujeito tortura seus entes queridos com sua doença, pois o estado mórbido dirige-se à pessoa que desencadeou o distúrbio nos sentimentos do doente, e esta normalmente se encontra no seu círculo mais próximo (Freud, [1917] 2011, p. 110).

A consequente "suspensão do interesse pelo mundo externo" (Freud, [1917] 2011, p. 47) é resultado do abandono de investimento libidinal outrora direcionado ao objeto, pois o sujeito se vê obrigado a efetuar uma regressão ao narcisismo primário. Pensar as "melancolias a partir da hipótese do ponto originário de nossa constituição pode ajudar a perceber a gravidade do desespero que nos é transmitido por uma pessoa imersa na angústia aterradora que a paralisa frente à vida, como se estivesse a vislumbrar, sentir e escutar sempre o '*nada*' que foi devolvido a seus apelos precoces" (Peres, p. 127, grifos meus). Esse é o sentido em que a melancolia, caberia reforçar uma última vez, pode ser caracterizada segundo a inescapável dor de existir, impulso contumaz pela morte ou por uma vida solitária em que há *nada* a fazer ou a realizar. Nos melancólicos, continua em voga o amedrontamento com o futuro no qual não se sabe o que virá junto à constante tristeza para com o presente do que se é, a ponto de se deixarem afogar na sísmica e diabólica indagação "sobre o sentido da vida e da existência de Deus"; ora, se o excesso de pensamento impede a ação, então só lhes resta serem capturados por fantasias autodestrutivas, nas quais vigora a falta de ânimo e de autoestima somada ao surgimento de distúrbios somáticos diversos (Kehl, 2009, p. 39; p. 72), algo que Freud já apontava como uma espécie de solução *neurastênica* muito característica a essa condição.

De sua parte, Marie-Claude Lambotte (2010, p. 62) elege a *inibição* como sintoma predominante junto ao *tempo* na posição melancólica:

> De onde provém, por conseguinte, a perturbação dessa função excitadora psíquica – no sentido de excitante da imaginação – cujo papel seria permitir ao sujeito a realização de um investimento exterior? Como se acha ela perturbada a ponto de "girar no vazio" e de acumular um fluxo de representações (*Vorstellung*) e de cenas (*Darstellung*) que o melancólico não pode vencer, tal qual Hamlet diante de suas contradições inextricáveis? É como se, igual ao obsessivo, o melancólico não pudesse superar a onda de ideias que o assalta, nem assumir nenhuma pela escolha de um projeto a médio prazo.

Apresenta-se a ocasião para que a célebre frase tão brilhantemente condensada por Freud seja resgatada: se na melancolia *a sombra do objeto recai sobre o eu* (Freud, [1917] 2011, p. 61), é porque a cota de libido destinada ao segundo se perde junto ao primeiro, de forma a amalgamar libido de objeto e libido do eu em um só lugar: o eu – em que se interpõe a identificação narcísica com o objeto; entretanto, na medida em que fica desprovido de um objeto para o qual se lançar, hiperinflaciona-se em termos narcísicos, impossibilitando investimentos em prol da alteridade.

Daí que *nada* se consagre nesse local em que deveria haver um objeto é a consequência mais imediata, mas, diferentemente da anorexia, na qual o *nada* se transforma em objeto de desejo, na melancolia o objeto é dado como perdido de antemão porque nada se inscrevera *positivamente* ali, antes mesmo de haver a possibilidade de que um objeto pudesse existir – quanto a isso, e tomadas as devidas proporções, talvez não estejamos muito distantes do que pensa Lacan acerca das formas do vazio ou da falta em seu *Seminário 11* ([1964] 1998). A identificação (que regride à ordem primária do narcisismo, como vimos) se expressa na via da incorporação em virtude de sua determinação fundamentalmente *oral*; nesse sentido – é o que conclui Freud na esteira de Abraham –, o fato de que as formas mais graves da psicopatologia melancólica venham a apresentar uma "recusa da alimentação" (Freud, [1917] 2011, p. 63) não deve ser algo que a essa altura nos surpreenda, já que toca de forma direta no paralelismo que venho tentando articular entre as figurações melancólica e anoréxica ao longo desta reflexão.

Nessa imbricação específica pode acontecer também de o eu se sentir em absoluta discordância com o próprio corpo, a ponto de que a delimitação e a diferenciação entre ele e os objetos venham a se distorcer; seguindo uma trama análoga, o estudo de Lima (2012, p. 260) aposta que o "sintoma anoréxico se organiza em torno de um impasse identificatório do sujeito com sua imagem corporal, que tem graves consequências para o eu", isto é: uma incapacidade de reconhecer sua magreza materialmente objetiva. Ora, pensar a constituição anoréxica também sob a perspectiva de uma perturbação do narcisismo, assim como fizemos em relação à melancolia, permitiria igualmente "compreender porque, nos casos das anorexias santas", por exemplo, "embora não houvesse preocupação com a magreza – que não era um ideal da época – havia, ainda assim, uma perturbação narcísica" (Pinheiro, 2012, p. 253).

Além disso, em que medida se expressa, em termos superegoicos, tal problemática de cunho narcísico? A diversidade clínica dos casos de anorexia leva a pensar que teríamos tanto aqueles que apresentam uma "via indireta de autopunição quanto outros em que essa via não se apresenta" (Cunha, 2015, pos. 1893); considera-se, por conseguinte, que, nos casos em que há a via indireta, "as outras pessoas são *incluídas* na economia psíquica", ou seja, ocorre o "direcionamento" da demanda a outrem; já naqueles em que o "sadismo por via indireta não acontece, não há demanda ou direcionamento", mas "uma exacerbação do narcisismo que pode fazer o anoréxico se refugiar na própria doença, não se importando com os demais" (Cunha, 2015, pos. 1894). Afinal, as situações mais graves de anorexia condizem justamente à presença de autopunição, leia-se: na qual impera a exclusão do outro na economia libidinal.

Nesses casos, contudo, reina uma tal ruptura com o objeto a ponto de que o sujeito paralise, já imerso em seu próprio narcisismo; restará, logo, um investimento igualmente narcísico, mas aí certamente maciço e não raro levando o sujeito a morrer, uma vez que o investimento exacerbado no eu seria capaz de conduzi-lo à crença inabalável de que poderá *"reencontrar o objeto perdido"* (Cunha, 2015, pos. 1897, grifos meus), precipitando-o à inanição. O que parece confirmar que a anorexia seria prima-irmã da melancolia: com inspiração kleiniana, Brusset (1998, p. 145) sugere que a potencialidade melancólica inerente àquela se desenvolve por meio de uma não incorporação da perda original do objeto, produzindo assim um obstáculo a superar em direção à posição depressiva e, com isso, ficando impedida (a anoréxica) de escapar de uma provável melancolização – e que também poderia levar o sujeito a um destino mortal, pois, uma vez retido na inanição, se expressa de forma muito particular essa impossibilidade de *reencontro* com o objeto.

Considerações finais

A melancolia antes de Freud – mas também antes de ser entendida como um distúrbio a ser curado pela medicina psiquiátrica – era vista como uma forma de mal-estar que denunciava o desajuste entre alguns membros de uma determinada sociedade e as condições do laço social. [...] Nesse sentido, as antigas formas da melancolia podem ser entendidas como variações do sintoma social e representam preciosos elementos de compreensão das condições de inclusão dos sujeitos no laço social ao longo da história. Pela mesma razão, a partir do Renascimento, as representações pré-modernas da melancolia passaram a ser revestidas de valor e reconhecimento social. O recolhimento e as ruminações do melancólico, sua sensibilidade exacerbada, que se confundia com o gênio, dotavam seu sintoma do sentido de uma promessa de solução para o mal-estar na cultura – quase como na psicanálise

Maria Rita Kehl. *O tempo e o cão*, p. 44.

Em *Luto e melancolia*, Freud já se perguntara: por que é preciso adoecer a fim de chegar à verdade que aponta para o sem sentido da vida, para o nada da existência, verdade que recai, tal como acenado por Rancière (2009), numa *entropia niilista*? E por que, sem "a vertigem da fome", indaga por outro lado Isabelle Meuret (2006, p. 159), "a verdade" não poderia advir? Tais questões, que englobam melancolia e anorexia, a meu ver expressam o impasse dos processos de subjetivação frente às condições atuais em que se afirma certo laço no social, isto é, de cujo imperativo exige-se uma performance de corpo que, como sabemos, é de toda forma *impossível*: se, por lado, a anorexia talvez pudesse ser pensada nos termos de uma total adesão ao *padrão* vigente (como no caso da magreza, catapultada a valor superfálico nas redes sociais), por outro isso descortina apenas a superfície de uma problemática maior, pois é como se o sujeito se adequasse ao laço apenas na medida em que paga o preço de uma *recusa* que o leva a sucumbir psiquicamente e, no limite, fisicamente. Ora, a inequívoca obsessão[42] em que o fenômeno da gastronomia se transformou na contemporaneidade parece corroborar a inversão entre o núcleo e a casca do problema: sem constrangimento, o reino de uma ambivalência (perversa?) impõe-se, porque, se por um lado deve-se comer o que e o quanto se quer, por outro, não se é permitido engordar. No tocante à melancolia, seguindo a mesma linha de raciocínio, sua manifestação mortalmente *depressiva* se revela hoje de maneira quase onipresente na vida daqueles que apresentam algum tipo de sofrimento psíquico; e onipresente é também o sentimento do sujeito anoréxico diante das exigências de corpo que o corpo social lhe dirige impiedosamente. Tais questões não se restringem, ademais, ao que concerne aos consultórios psiquiátricos, chegando ao ponto de terem se tornado uma espécie particular de pandemia sob auspícios da própria pandemia de covid-19, que, como se pode verificar no dia a dia da atuação clínica, abalou as estruturas sintomáticas das quais dispúnhamos até então para a escuta.

---

[42] Conforme aponta René Girard (2008, p. 75), tal obsessão não deixa de ser um sintoma ligado *antropologicamente* à anorexia.

Não seria absurdo pensar, nessa perspectiva, que uma poderia ser a tentativa de anular a outra, esforço, decerto fracassado, de se *curar* uma pela outra: ser anoréxico para não se deprimir, ou vice-versa. Tocam-se, mais provavelmente, na coordenada equidistante das inibições: supondo a existência de uma estética anoréxica e uma escrita "faminina"[43] na obra de Emily Dickinson, característica que poderia, com as devidas proporções, estender-se à melancolia, Isabelle Meuret (2006, p. 100, grifos meus) afirma: se a voz da poeta surge de forma cristalina e em temperatura febril porque "o entusiasmo de uma vida" é "impossível de conter", isso ocorre apenas na medida em que o eu lírico se encontra, a rigor, "machucado e *limitado* [*contraint*] em seu impulso".[44]

Antes de concluir, é preciso, contudo – especialmente porque venho falando em anorexia e melancolia de forma tão direta até o momento –, reiterar o resguardo psicopatológico que venho pretendendo defender desde a apresentação deste ensaio: tratar essas *figuras*, além do mais, como posições visa demarcar um campo de possibilidades bastante flexível, a saber: são posições que se *atualizam* nos diferentes sujeitos da atualidade e que independem de seu diagnóstico, mesmo que estrutural. Em outras palavras, vale dizer que a posição anoréxica poderia facilmente se instalar em um sujeito psicótico, tanto quanto em uma neurose *standard* qualquer; com isso, essa posição indicaria uma espécie de *dis*posição psíquica na qual o sujeito pode vir a se fixar mediante os ou como resistência aos imperativos do laço. Além do mais, pode até ocorrer que um sintoma de

---

[43] A autora se apoia no trocadilho cujo sentido exige reunir as palavras "*faim*" (fome) e "*féminine*" (feminina), surgido a partir de relatos testemunhais de escritoras da década de 1980.

[44] Percebe-se que o projeto de Meuret se aparenta ao que desejei construir nesta investigação, pois partimos de um interesse comum acerca das *figuras* (estéticas) que podem advir de determinadas posições psíquicas.

anorexia venha a se manifestar num *sujeito* anoréxico, o que não difere em muito das situações quase ordinárias em que um neurótico obsessivo passa a apresentar um transtorno obsessivo compulsivo, por exemplo – embora isso não deva acontecer *necessariamente*. E creio ser inclusive dispensável insistir em mostrar que essa tese vale, de maneira idêntica, à figura ou posição melancólica...

A título provisório, convido por fim o leitor a um debate em torno das seguintes premissas, com as quais arremato estas breves reflexões:

1. As figuras crítico-clínicas da anorexia e da melancolia implicam, uma vez sob a égide do nada, o paradoxo do desejo em *segunda potência*: revelam, com suas formas, um desejo de não desejar, ou melhor, *desejo de fazer cessar o desejo*, porventura não muito distante do empuxo ao inorgânico próprio da pulsão de morte. Tendendo, como se sabe, à descarga direta, o desejo friccionado com o nada conduziria a um processo de desligamento ao estilo da *Todestrieb*: daí as tentativas não tão raras em que o sujeito se vê obrigado a *reduzir-se a nada*, seja numa, seja noutra figura psíquica. Expressam, logo, formas radicais de recusa, assim como se dá no exemplo de um Bartleby *neurastênico* – a expressão é de Byung-Chul Han, mas poderia ser de Freud – a personificar de maneira inequívoca a atração pelos extremos, aguilhão--mor da entropia niilista e cuja "fraterna melancolia" fora forjada brilhantemente pela pena de Melville ([1853] 2013; Carone, 2013, p. 43). Ora, foi da boca de "homem *magro* e *lívido*" que saiu a satânica fórmula que "enlouquece todo o mundo", como recorda Deleuze (2011, p. 80, grifos meus) nesse sentido.

2. Seriam as personagens de Melville a metonímia perfeita de uma "estética" crítico-clínica de certos processos

de subjetivação atuais? Continuando com Deleuze e com Bartleby, e uma vez tendo ganhado o "direito de sobreviver", sua fórmula não expressaria uma vontade de nada, mas o "crescimento de um nada de vontade", como propõe o filósofo, de modo que em um polo estarão "esses monomaníacos ou demônios, que erigem uma preferência monstruosa, levados pela vontade de nada: Ahab, Claggart, Babo...", mas, no outro, "esses anjos ou santos hipocondríacos, quase estúpidos, criaturas de inocência e de pureza, vítimas de uma fraqueza constitutiva [...] e que preferem... absolutamente nenhuma vontade, um nada de vontade a uma vontade de nada". Deleuze (2011, p. 92-93, grifos meus) continua:

> É que uns e outros, os dois tipos de personagem, *Ahab e Bartleby, pertencem a essa Natureza primeira*, eles a habitam e a compõem. Tudo os opõe e, contudo, talvez seja a mesma criatura, primeira original, teimosa, vista pelos dois lados, apenas marcada por um sinal "mais" ou por um sinal "menos" [...] o além e o aquém da consciência, aquela que escolhe e aquela que não escolhe, a que uiva como uma loba e a que *preferiria-não-falar*.

3. O nada que procurei estabelecer como dobradiça entre anorexia e melancolia também pode ser pensado sob a lógica moebiana, ou melhor: balizando uma fronteira tênue entre recalcamento e foraclusão, amarram-se ambas as figuras com um nó de narcisismo que acompanha sua respectiva oralidade, o que induz ao mecanismo de identificação. Enquanto na melancolia vigora a de tipo "viscoso" com o objeto perdido, verifica-se na anorexia uma não identificação com a própria imagem, embora estejam as duas determinadas por fenômenos inconscientes que impossibilitam um investimento outro da libido, ou seja, um destino *para fora* do eu; por conseguinte – como também pudemos averiguar –, tal situação obriga o sujeito a regredir ao narcisismo primário,

mas num espaço equidistante entre a pulsão de vida e a de morte. *Reduzir-se a nada* parece ser então outro denominador comum que subjaz às "doenças do não", ainda que suas recusas partam de posições rigorosamente diferentes (desejar nada, no primeiro caso, e nada desejar, no segundo, como venho defendendo até o momento). Para tanto, é preciso levar em conta a hipótese de Vivès (2020), que nos convida a reconduzir a melancolia para dentro do quadro das neuroses narcísicas *stricto sensu*, e que por conseguinte evita que nos fixemos no diagnóstico costumeiro pela via da psicose – uma tese que, não sem alguma surpresa, o próprio texto freudiano ([1917] 2011) parecia sugerir logo de partida quando sublinhara o problema do narcisismo como inerente à condição melancólica.

4. A noção de *foraclusão localizada*, cunhada por Juan-David Nasio (1987; 2001), corrobora de maneira complementar essa compreensão, na medida em que resguarda o caráter episódico de certas irrupções psíquicas que, à primeira vista, pareceriam indicar uma estrutura estritamente psicótica. Como indica Nasio, nesses casos ocorre uma abolição da *possibilidade* de recalcamento, levando o sujeito a descompensar frente a uma exigência simbólica transitória; assim – proponho de minha parte –, ali onde deveria advir uma representação, há... nada. Contanto que abolida, tal representação, a rigor insuportável, mantém-se não obstante "incluída fora" e como que assombrando o sujeito *de dentro para dentro*. Embora não seja psicanalista, Byung-Chul Han (2010) acresce uma diferenciação entre melancolia e depressão que em muito nos serviria aqui: para ele, Freud concebe a melancolia em termos de uma relação destrutiva com o outro, mesmo que "internalizada como parte do si-mesmo. Com isso, os conflitos originários com o outro são internalizados e transformados num autorrelacionamento conflitivo que levaria ao empobrecimento do

eu e à autoagressividade". Não há, por conseguinte, "relação conflitiva, ambivalente com o outro que tenha se perdido, que preceda a enfermidade depressiva do sujeito de desempenho atual" (Han, 2010, pos. 746). Logo, é dessa forma que melancolia e anorexia se veem condenadas ao nada, apesar de a primeira se amarrar a uma negatividade propriamente dita, enquanto a segunda se defina conforme um "excesso de positividade" tão característico das depressões.

5. Situação que nos encaminha à *tônica depressiva* igualmente comum à melancolia e à anorexia (Pinheiro, 2012; Vorcaro, 2015). Em termos freudianos, a regressão tópica ao narcisismo originário impediria que o sujeito mirasse sua economia libidinal na direção dos objetos, deixando-se aprisionar a meio caminho entre os processamentos primário e secundário. Nessa condição, e não obstante apresentem dinâmicas diferentes – pois, enquanto na melancolia reina a perda do objeto, na anorexia trata-se de sua *subtração* (Casté, 2000) –, ambas conjugam uma mesma posição de identificação narcísica vivida como introjeção, de modo a fazer com que a pulsão retorne ao próprio eu. O efeito disso é a manifestação da oralidade como forma autoerótica de satisfação, seja pela via da incorporação do objeto (é o caso da melancolia), seja pela rejeição de se alimentar (como na anorexia). Assim elas parecem inclusive se aparentar – não sem algumas ressalvas, é claro – às chamadas "patologias aditivas", em cuja voracidade se apoiam, inclusive, tais processos de subjetivação; a comparação é válida por conta do empuxo à *eliminação* do desejo que parece subsistir nas adicções, como sublinha, nesse contexto, Balasc (1990, p. 14, grifos meus): entre "a necessidade fisiológica e a satisfação da alucinação", afirma a psicanalista, "a adicção propõe uma ação específica que anula toda falta de satisfação" e, com isso, "toda *possibilidade de desejo*". Sob mesma ótica, é bem provável que Massimo Recalcati – reconhecido autor de pesquisas acerca dos

transtornos alimentares – acrescentasse: o "aspecto depressivo na anorexia-bulimia concerne exatamente no ponto de não coincidência entre o objeto-alimento e a Coisa" (Recalcati, 2000, p. 140). Ora, conquanto seja pertinente o reconhecimento dessas características, certamente fatídicas, de um matiz depressivo compartilhado entre as posições crítico-clínicas delineadas, cabe não perder de vista que o nada não pode ser limitado a uma versão oral, uma vez que compreende de forma mais ampla o *ser*, isto é, emergência de cunho originário e, portanto, anterior ao próprio surgimento do significante – é o que pensam também outros psicanalistas amparados em Lacan, sendo Casté (2000, p. 63), entre eles, um dos mais evidentes; uma possibilidade de observar isso seria levar em conta uma posição anoréxica assumida por certos sujeitos assim acometidos: ao se deparar com o nada no no lugar onde deveria haver um objeto, podem ver-se esgotadas suas forças para continuar reiterando essa situação que *não leva a nada* até o ponto de uma "inanição psíquica" que, por sua vez, conduziria à morte.

6. Na esteira do que propõe Maria Rita Kehl (2009) em *O tempo e o cão*, minha hipótese visa relançar uma questão ao par anorexia-melancolia como que escovando Freud a contrapelo, ou seja, buscando *desprivatizar* o ato freudiano ao retirar a figura do melancólico do campo (romântico) da criação e da arte – e ainda que tenha mantido a terminologia romântica –, quando, por exemplo, ele encerrou, historicamente, essa figura no "laboratório fechado da observação psicanalítica" (Kehl, 2011, p. 25). O melancólico, assim como a anoréxica, vem perdendo seu lugar no espaço social – dado que se observa a olho nu: quanto ao primeiro, o fenômeno ultrapassa obviamente os limites da clínica e remonta à Antiguidade, como vimos (Prigent, 2005; Clair, 2005); com respeito à segunda, sabe-se em que medida seu isolamento é percebido desde a Idade Média, englobando até

certo espírito da pequena burguesia que há mais de século foi denunciado, inclusive, pelo jovem Marx. E é possível dizer, ademais, que ambos rejeitam essa "sociabilidade" de maneira igualmente *estética*: a anoréxica por meio de um corpo que se tornará, enfim, indesejável, malgrado os apelos da racionalidade econômica, que faz da imagem uma dos principais *commodities* nos dias de hoje – "recusa da cultura midiática", "contestação da autoridade patriarcal", "projeto de contorno artístico que toma o corpo como suporte", "manifestação política" frente à família etc. são expressões repertoriadas no contexto de sua recusa (Meuret, 2006, p. 183; Vincent, 2000); já o melancólico, de sua parte, apaga-se por meio de um corpo tornado inerte, mumificadamente apático, sem tônus e sem vida, em suma, depressivo.[45] Em *Realismo capitalista* – exemplo que não deixa de ser significativo ao demarcar um sentimento de *ser nada* em meio à relação capitalismo-laço social –, Mark Fisher relata ter vivido na pele esse drama: "No meu caso, a depressão sempre esteve conectada à convicção de que eu literalmente *não prestava para nada*" (Fisher, 2020, p. 92, grifos meus). No tocante à vida ordinária, podemos verificá-lo em um empuxo à negação do nada que o neoliberalismo produz nas subjetividades, pois, ao fim e ao cabo, nunca *não se pôde* tanto, paradoxalmente, "fazer nada".

7. Um apontamento de Urania Tourinho Peres pode dar sentido ainda mais rente ao indicativo acerca da atualidade *crítico-clínica* da melancolia; referindo-se ao momento em

---

[45] A descrição de Alessandra Martins (Parente, 2017, p. 86) condensa-o muito bem: "O tédio penetra os contornos do mundo. O melancólico está imerso em sua alma deserta. A intimidade expandida não traduz a riqueza de uma diversidade de componentes internos. A voz do solilóquio também é acromática, sem relevos [...] Um mantra inaudível, que aponta para um vazio, é exalado pela sua boca; um som que parece exprimir o estado moribundo de seus afetos".

que Freud redigia o estudo de 1917, adverte: "Configura-se, naquele momento, o que hoje pode ser lido como uma 'doença dos vínculos', diagnóstico aplicável a muitas mazelas da atualidade, algo de *desagregador* no que se refere tanto à humanidade como às relações próximas entre os homens" (Peres, 2011, p. 112, grifos meus). Quanto à anorexia, a conclusão de Balasc tem efeito análogo, a saber: no estado de necessidade em que vive o anoréxico, em que o desejo não viu a cor do dia, o sujeito se vê "condenado a se alimentar de nada porque nada permanece em um corpo que é somente nada" (Balasc, 1990, p. 61). Por fim, Thierry Vincent parece concordar com a hipótese que venho tentando defender ao longo deste trabalho: na sociedade de consumo que encerra o sujeito em uma relação de morte com o objeto, a anoréxica, que jamais capitula, entra no combate por meio de uma *economia outra* do desejo (Vincent, 2000, p. 56). Ora, de fato essas figuras *resistem* – como assim talvez propusesse Nathalie Zaltzman (1999) –, decerto apoiadas numa pulsionalidade *anarquista*, isto é, repudiando qualquer forma de governo que a elas se apresentasse de maneira impositiva. São exilados voluntários do laço, justamente porque recusam, de forma senão enérgica, toda a sua hipocrisia. Pagam, contudo, um preço alto pela escolha, que não raro se conclui em destino fatal.

8. A "potência negativa distingue-se da mera impotência, a incapacidade de fazer alguma coisa", acrescenta-se com Byung-Chul Han, já que a potência (positiva ou negativa) é, por assim dizer, volitiva; e assim é, "ela própria, positiva na medida em que está ligada com algo. Ela não é capaz de alguma coisa. A potência negativa supera a positividade, que está presa em alguma coisa". Han conclui que a dependência do objeto se torna crucial, o que nos obrigaria a inseri-lo, com surpresa, no paradigma freudiano *e* schopenhaueriano, na medida em que, para o filósofo, trata-se de "uma *potência*

de não fazer" (Han, 2010, pos. 457, grifos meus). Entre as pouquíssimas linhas de fuga que orbitam o arranjo social presente, como é o caso do desamparo e do mal-estar atuais – trama aliás muito bem resumida pelo há pouco citado Mark Fisher (2020, p. 10), a partir de uma substituição que propõe da expressão "pós-modernidade" (Jameson) por outra, porventura historicamente mais certeira, que é o *realismo capitalista* –, restaria, enfim, outra opção senão a de se posicionarem, tais subjetividades, e assentando-se cada uma em seu próprio niilismo, desde a potência de um *I would rather not to?*[46]

9. Em alguma medida, não teria também o crescimento mundial e paulatino da extrema-direita algo a ver com esse traço niilista presente na contemporaneidade? Uma vez desprovido de ancoramento político-existencial, como o sujeito poderia escapar do nada, senão munido de um ressentimento gritante? Se, como sugere Kehl (2020, p. 19), "o ressentido seria aquele que renuncia a seu desejo em nome da submissão a um outro" – aqui representado pelos slogans disponíveis –, que todavia "depois vem cobrar, insistentemente, pelo desejo negado", logo, a posição melancólica poderia servir muito bem a esse propósito. A psicanalista aposta na existência de um vazio *de* ideal ou *vazio ideal* que agravaria o sofrimento melancólico, situação muito próxima da morte e do nada: "Na falta de reconhecimento do valor fálico de suas tentativas infantis de satisfazer o Outro", afirma, "identifica-se com o olhar vazio que é dirigido a ele. Neste vazio, localiza-se a confirmação imaginária da perfeição do Outro e da insignificância do eu da criança" (p. 38). Ao fim e ao cabo, tal processo daria ignição a uma falta de sentido

---

[46] Com a costumeira profundidade, Agamben (2007) explora essa problemática em torno do conceito de potência (partindo obviamente de Aristóteles) em seu livro dedicado a *Bartleby*.

para a qual não existe remédio, deixando o sujeito asfixiado em suas possibilidades de pertença política e cuja motivação restante será incontornavelmente destrutiva, como aponta Scarlett Marton (2023) em conferência recente. É ainda nesse sentido que, há mais de quatro décadas, Deleuze e Guattari (1980) chegaram à conclusão de que o fascismo, enquanto *movimento do desejo*, seria ele mesmo uma espécie de niilismo realizado.

10. Por fim, talvez sejamos obrigados a reconhecer que, enquanto clínicos, só nos restaria o niilismo terapêutico, e que Byung-Chul Han (2010) tem razão quando questiona a eficácia da psicanálise em relação ao enfrentamento da depressão – sobretudo na atualidade, uma vez que a *sociedade do cansaço* parece escapar do regime em que as ferramentas freudianas e pós-freudianas ainda sobrevivem (às vezes com a ajuda de aparelhos); afinal, tal desconfiança pode andar de mãos dadas com a provocação sagaz feita por Rancière (2009) em *O inconsciente estético*, tal como se procurou delinear ao longo deste estudo, isto é, quando a "ilusão racionalista", na qual Freud recaiu algumas vezes em seu furor interpretativo, encontra o *nada*, seu rochedo da castração particular... Uma vez constrangida por ele, ou melhor, diante dos impasses em que o nada insiste de forma abissal, tal como parecem ser as figuras crítico-clínicas da anorexia e da melancolia, haveria pertinência para uma prática psicanalítica? Em outras palavras, assim como ela pôde tão bem servir frente ao vazio ou à falta, seria cabível uma terapêutica contra o nada? Após severa advertência sobre o caráter "religioso" que o *establishment* analítico ganhava, ao menos na França dos anos 2000, em *Nem todos os caminhos levam a Roma*, Radmila Zygouris (2006, p. 11) nos convida a um retorno à condição de *leigos,* a fim de que possa haver algum futuro à nossa clínica. Ora, é que decerto a escolha de uma posição de escuta exige sempre a realização, insistente, de uma nova renúncia: se for o caso

de driblar o inconsciente estético, não teríamos de recuar apoiando-nos em uma atitude clínica ela mesma estética, implicadamente criativa, e com a qual se abrem ouvidos já emancipados de certos dogmatismos predicativos, sem contudo deixar de lado seu mais alto potencial de entusiasmo,[47] plasticidade e sensibilidade próprios a um regime em que reinam experimentação e liberdade?

---

[47] Tive a sorte de ganhar essa transmissão de Alain Didier-Weill alguns meses antes de seu falecimento; idêntico aprendizado vale para Radmila Zygouris, que fora sempre tão generosa ao longo das conversas que tivemos a fim de concluir esta investigação.

Posfácio

Inês Bianca Loureiro[48]

> *O autor tem direito ao prefácio;*
> *mas ao leitor pertence o posfácio.*
> Nietzsche. *Genealogia da moral.*

"Ligeira narcose." A célebre expressão usada por Freud para aludir aos efeitos produzidos pela arte ocorreu-me quando busquei descrever, para mim mesma, as impressões geradas pelo texto de Gustavo. São incontáveis as perguntas, os conceitos, os autores, as citações, as relações, as ilações e os movimentos que ele nos propõe. "Sarabanda energética", seu pensamento procede por torções e fricções – termos recorrentes na prosa do autor –, avançando pelas searas da filosofia e da psicanálise.

Porém, é particularmente na reflexão sobre a arte e a estética que, parece-me, encontramos as origens e os destinos das contribuições que esta obra nos oferece. Creio que as palavras de Jacques Rancière (2009, p. 46), o principal disparador das questões aqui formuladas, descrevam bem o cenário mais amplo dos interesses de Gustavo: os regimes de pensamento da arte, enquanto "um modo específico de conexão entre as práticas e um modo de visibilidade e de pensabilidade dessas práticas".

---

[48] Doutora em Psicologia Clínica pela PUC-SP, onde também leciona no curso de especialização em Teoria Psicanalítica.

Em *Pede-se abrir os olhos* (Dionisio, 2012), Gustavo rastreara os modos como a psicanálise veio a se infiltrar nas atuais reflexões crítico-filosóficas sobre a arte. Agora, move-se a partir da tese de Rancière, que vê no inconsciente estético a condição de possibilidade da noção freudiana de inconsciente. E é também de natureza estética seu empenho em *figurar*, que resulta nas figuras crítico-clínicas da anorexia e da melancolia, mas também opera ao longo da primeira parte, apontando-nos diferentes figurações do desejo e do nada. "Ensaios de figurabilidade" seria um subtítulo cabível a este texto; começando pela ontologia e pela metapsicologia, rumo à clínica e à cultura do hipercapitalismo, o "trabalho da obra" de Gustavo (a exemplo do trabalho do sonho) é sempre no esforço de conferir visibilidade à dinâmica invisível, e imprevisível, dos agenciamentos inconscientes.

Salta aos olhos (aos meus, pelo menos) a salutar sinergia entre o estilo da escrita e as temáticas exploradas. *Sciolto* e *Con brio* – é desse modo que Gustavo nos conduz pelos meandros da negatividade. Para estabelecer e sustentar o contato com as "imagéticas do nada", com o princípio do Nirvana e o oceano de quietude (Schopenhauer), com a pulsão de morte e o enclausuramento do narcisismo primário, é preciso um pensamento dotado de muita vitalidade. No trato com a desvitalização máxima inerente à melancolia e à anorexia, o estilo há de ser tônico; à inércia e à falta de gosto pela vida de que tais figuras são emblema a escrita de Gustavo responde com agilidade e vigor.

É também um estilo que recusa a argumentação linear e reivindica, quero crer, certa deriva e opacidade. Características, aliás, do gênero ensaio, sobretudo na tradição francesa que se encontra tão fortemente enraizada no itinerário intelectual de Gustavo. O já mencionado Jaques Rancière, Didi-Huberman, Gilles Deleuze, Jacques Lacan e outros psicanalistas que com ele dialogam, como Serge Leclaire, Julia

Kristeva, Juan Davi Nasio e o próprio Vivès, que assina o prefácio, são alguns dos muitos nomes presentes neste texto.

A tal estilo de pensamento – inquieto, movente, sequioso – penso que é sempre bem-vinda uma nova referência, um novo parceiro para a ciranda de ideias que se fecundam mutuamente. E aqui me ocorre evocar outro francês, Roland Barthes, em quem encontramos uma figura que suplementa as reflexões de Gustavo sobre o desejo, o nada e os sofrimentos subjetivos correlatos ao capitalismo contemporâneo. Trata-se da figura do *neutro*, explorada por Barthes no curso ministrado em 1978 no Collège de France.

Do neutro como gênero gramatical Barthes (2003) extrai uma categoria mais geral que se refere à esquiva ou suspensão do conflito, quer na esfera do discurso, quer na dos estados e das condutas. Tendo Maurice Blanchot como principal interlocutor, Barthes esboça 20 figuras, ou direções, ou cintilações, de uma noção que não se deixa definir, de um "regime particular do *ne-uter*, do 'nem um nem outro'", como Thomas Clerc assinala no prefácio a essas notas de aulas (Barthes, 2003, p. XIX). O neutro desponta ali onde se dissolvem as oposições que constituem o sentido e, sem alarde, instala uma clareira em meio à cerrada disputa entre atos/falas assertivas que lutam para impor sua hegemonia.

Resistirei à tentação de me estender sobre esse texto singular, de efeitos também um tantinho lisérgicos (ver as linhas que Barthes dedica à "embriaguez sutil", p. 213-ss.) – uma espécie de "livro do desassossego" teórico, um mosaico de fragmentos ludicamente manejados em ambiente acadêmico. Gostaria apenas de elencar algumas das figuras associadas ao neutro no campo das atitudes, como a fadiga, o silêncio, a delicadeza, o sono, o retirar-se, o dispensar. Em meio a esses e outros tópicos, encontramos considerações sobre a apatia, a abstinência, o despojamento, as respostas pela tangente e mesmo sobre a anorexia, por Barthes igualmente intuída como desejo de nada – "é a situação do anoréxico: o anoréxico deseja nada" (p. 315). Interessante notar que a anorexia seja abordada no item sobre a arrogância e os discursos arrogantes (p. 313-ss) – aqueles em que se afirmam a fé, a certeza, a vontade de dominar, que dita e impõe desejos, que obriga sua satisfação. "Arrogância: todas as obrigações positivas [...]: obrigar a comer, a falar, a pensar, a responder, etc. [...] pode ser que eu não tenha fome de mundo, e o mundo me obrigue a amá-lo, a comê-lo, a entrar em intercâmbio com ele" (p. 316). E Barthes arremata: ao supervalorizar a vontade, exaltar o querer, louvar o esforço para intervir e dominar o mundo, o Ocidente teria se tornado um especialista da arrogância (p. 317). Há quase cinco décadas, um diagnóstico certeiro.

Entre os inúmeros "diagnósticos" de nossa época, que não cessam de proliferar, alguns nos fazem mais sentido e, por isso, firmam-se como balizas para a reflexão. Para mim, o conciso e lúcido artigo de Benilton Bezerra Junior (2002) ganhou esse estatuto. Em "O ocaso da interioridade e suas repercussões sobre a clínica", o autor constata que o *homo psychologicus* (configuração subjetiva que embasou a criação da teoria e da clínica psicanalíticas) foi suplantado pelas bioidentidades, fortemente ancoradas na dimensão corporal, sobretudo em sua exterioridade. Nesse trabalho, do qual nenhum resumo pode dar conta, Benilton contrasta os dois tipos de subjetividade:

> Se na cultura do psicológico e da intimidade o sofrimento era experimentado como conflito interior ou como choque entre aspirações e desejos reprimidos e as regras rígidas das convenções sociais, hoje o quadro é outro. Na cultura das sensações e do espetáculo, o mal-estar tende a se situar no campo da performance física ou mental falha [...]. Os quadros sintomáticos prevalentes parecem atestar isso: fenômenos aditivos (incapacidade de restringir ou adiar a obtenção de satisfação, que se torna compulsiva pela via das drogas

ilícitas, dos medicamentos, do consumo, da ginástica e do sexo), transtornos vinculados à imagem ou à experiência do corpo (bulimias, anorexias, ataques de pânico), depressões menores e distimias (ausência de desejo, motivação, empenho) (Bezerra Junior, 2002, p. 235).

Déficit de performance física ou mental: as figuras crítico-clínicas da melancolia e da anorexia situam-se na contramão da saúde exibida como espetáculo – a imagem saudável como um atestado de sucesso.

> É a consigna do chamado *healthism*, uma ideologia que combina um estilo de vista hedonista (maximização de prazeres e evitação de desprazeres) com uma obsessiva preocupação com práticas ascéticas cujo objetivo, longe de buscar excelência moral, elevação espiritual ou determinação política, é otimizar a vida pelo cuidado com a aparência de saúde, beleza e *fitness*, atendendo assim ao que parece ser a imagem do sujeito ideal atual (Bezerra Junior, 2002, p. 233-234).

O contexto político-econômico de tal ideologia é, claro, o dos extremos do liberalismo capitalista e global – um Estado que desmonta as redes de proteção social, acirra a competitividade e transfere todas as responsabilidades para o indivíduo produtivo; espírito de iniciativa e de equipe, flexibilidade, criatividade, performance, superação de metas – tais são os valores da cultura corporativa da "Você S.A." (título de uma revista de (auto)empreendedorismo disponível nas bancas até pouco tempo atrás).

Sob os holofotes da cultura do desempenho e da espetacularização, a dor física e/ou mental não sai bem na foto (aliás, é excluída da foto). Outros fenômenos incontornáveis destoam da lógica hegemônica, como aquilo que Jonathan Crary (2016) chama de "o escândalo do sono".

> Em sua profunda inutilidade e intrínseca passividade, com perdas incalculáveis para o tempo produtivo, a

circulação e o consumo, o sono sempre estará a contrapelo das demandas de um universo 24/7. O fato de passarmos dormindo um bom período da vida, libertos de um atoleiro de carências simuladas, subsiste como uma das grandes afrontas humanas à voracidade do capitalismo contemporâneo. [...] A verdade chocante, inconcebível, é que nenhum valor pode ser extraído do sono (Crary, 2016, p. 20).

"No paradigma neoliberal globalista", conclui ele, "dormir é, acima de tudo, para os fracos" (p. 23).

E é assim que não apenas "as novas doenças da alma", mas também as efígies do neutro, o sono, o ócio e a lentidão, bem como tantos outros modos de existência, revelam-se como "disfuncionalidades" que desafiam as exigências de máxima performance em todas as áreas da vida. Não por acaso, a epígrafe do trabalho de Gustavo nos relembra o inquietante lema de Bartleby, o escrivão: "*I would prefer not to*". Uma potência crítica que emerge menos como resistência ativa (e suas ressonâncias heroicas...) e mais como recuo, esquiva, uma discreta insubmissão aos imperativos da produtividade e do gozo.

Estamos falando de modalidades de ser e de estar nas quais identificamos, com alegria cúmplice, certa vocação para o estorvo. A obra de Gustavo nos traz mais do que os frutos de uma longa estadia nas paragens do desejo, do nada e do sofrimento. Ela é um convite para, *com* e *como* ele, filosofar, psicanalisar, escrever, dialogar com os outros, discordar de seus pares, em suma, *pensar*. Isso tudo que, nos dias de hoje e felizmente, não deixa de ser um incômodo – uma pedra no sapato ou areia na engrenagem do mundo atual. Ao término do livro de Gustavo, saio com a agradável impressão de ter testemunhado um pensamento que se soma àquele produzido por uma comunidade importantíssima, embora minoritária (*et pour cause...*): a sorrateira e pouco ruidosa turma dos desmancha-prazeres.

Referências

Agamben, G. *Bartleby: escrita da potência*. Lisboa: Assírio & Alvim, 2007.

Arikha, N. La Mélancolie et les passions humorales au début de la modernité. *In*: Jean Clair (org.). *Mélancolie: génie et folie en Occident*. Paris: Gallimard, 2005.

Balasc, C. *Désir de rien: de l'anorexie à la boulimie*. Paris: Aubier, 1990.

Barboza, J. *Infinitude subjetiva e estética: natureza e arte em Schelling e Schopenhauer*. São Paulo: Editora Unesp, 2005.

Barthes, R. *O neutro*. São Paulo: Martins Fontes, 2003.

Bassoli, S. *A negação da vontade como um efeito da graça: a redenção na concepção de Schopenhauer*. 2015. 154 f. Tese (Doutorado em Filosofia) – Faculdade de Filosofia, Letras e Ciências Humanas, Universidade de São Paulo, São Paulo, 2015.

Bassoli, S. A negação da Vontade e o ponto de ebulição da água. *Revista Voluntas: Estudos sobre Schopenhauer*, v. 1, n. 1, p. 6-18, 2010.

Berlinck, M. T. As bases do amor materno, fundamento da melancolia. *Revista Latinoamericana de Psicopatologia Fundamental*, v. 17, n. 3, p. 403-406, 2014.

Bezerra Jr., B. O ocaso da interioridade e suas repercussões sobre a clínica. *In*: Plastino, C. A. (org.). *Transgressões*. Rio de Janeiro: Contracapa, 2002.

Bidaud, É. *Anorexia mental, ascese, mística: uma abordagem psicanalítica*. Rio de Janeiro: Cia de Freud, 1998.

Blanchot, M. *A conversa infinita: a experiência limite.* São Paulo: Escuta, 2007, v. 2.

Bossert, A. *Introdução a Schopenhauer.* Rio de Janeiro: Contraponto, 2011.

Brandão, E. *In*: Safatle, V.; Manzi, R. (org.). *A filosofia após Freud.* São Paulo: Humanitas, 2008.

Bruch, H. *Les Yeux et le ventre.* Paris: Payot, 1984.

Brusotti, M. Ressentimento e vontade de nada. *Cadernos Nietzsche*, n. 8, 2000.

Brusset, B. *L'Assiette et le miroir.* Toulouse: Privat, 1991.

Brusset, B. *Psychopathologie de l'anorexie mentale.* Paris: Dunod, 1998.

Cacciola, M. L. A vontade e a pulsão em Schopenhauer. *In*: Moura, A. M. (org.). *As pulsões.* São Paulo: Escuta, 1995.

Cacciola, M. L. *Schopenhauer e a questão do dogmatismo.* São Paulo: Edusp, 1994.

Cariou, M. *Freud e o desejo.* Rio de Janeiro: Imago, 1978.

Carone, M. [1853] Bartleby, o escrivão fantasma. *In*: Melville, H. *Bartleby, o escrivão*: *uma história de Wall Street.* São Paulo: Cosac Naify, 2013.

Casté, H. En compañia de nada. *In*: Gorali, V. (org.). *Estudios de anorexia y bulimia.* Buenos Aires: Atuel, 2000.

Castro, M. *A nova cultura do mal estar ou a melancolia no campo da clínica diferencial.* 2002. Dissertação (Mestrado) – Instituto de Psicologia, Universidade do Estado do Rio de Janeiro, Rio de Janeiro, 2002.

Chaves, E. O paradigma estético de Freud. *In*: Freud, S. *Arte, literatura e os artistas.* Belo Horizonte: Autêntica, 2015.

Checchia, M. *Origens psíquicas da autoridade e do autoritarismo.* São Paulo: Dialética, 2020.

Checchia, M. *Poder e política na clínica psicanalítica.* São Paulo: Annablume, 2015.

Chemama, R. *Dicionário de psicanálise.* Porto Alegre: Artes Médicas, 1995.

Clair, Jean (org.). *Mélancolie: génie et folie en Occident*. Paris: Gallimard, 2005.

CorcoS, M. *Le Corps absent*. Paris: Dunod, 2000.

Cottet, S. *Freud e o desejo do analista*. Rio de Janeiro: Jorge Zahar, 1989.

Couanet, C. L'Art: cet estomac du désir. Anorexie, création et transfert. *Le Coq-héron*, n. 203, p. 114-122, 2010. Disponível em: https://doi.org/10.3917/cohe.203.0114. Acesso em: 8 maio 2024.

Crary, J. *24/7: capitalismo tardio e os fins do sono*. São Paulo: Ubu, 2016.

Cunha, F. *Anorexia: uma neurose paralela à melancolia*. Petrópolis: KBR, 2015.

Deleuze, G. *Crítica e clínica*. São Paulo: Editora 34, 2011.

Deleuze, G.; Guattari, F. *L'Anti-Œdipe: capitalisme et schizophrénie*. Paris: Les Éditions de Minuit, 1972.

Deleuze, G.; Guattari, F. *Mille plateaux*. Paris: Les Éditions de Minuit, 1980.

Didi-Huberman, G. *Devant l'image: question posée aux fins d'une histoire de l'art*. Paris: Les Éditions de Minuit, 1990.

Didi-Huberman, G. *O que vemos, o que nos olha*. São Paulo: Ed. 34, 1998.

Didi-Huberman, G. *Levantes*. São Paulo: Edições Sesc, 2017.

Didier-Weill, A. *Invocações: Dionísio, Moisés, São Paulo e Freud*. Rio de Janeiro: Companhia de Freud, 1999.

Didier-Weill, A. *Un mystère plus lointain que l'inconscient*. Paris: Aubier, 2012.

Dionisio, G. H. "Jovens transferências", ou do narcisismo primário das enormes semelhanças. *In*: Birman, J. *et al.* (orgs.). *Amar a si mesmo e amar o outro: narcisismo e sexualidade na psicanálise contemporânea*. São Paulo: Zagodoni, 2016.

Dionisio, G. H. *Pede-se abrir os olhos: psicanálise e reflexão estética hoje*. São Paulo: Annablume; Fapesp, 2012.

Dumoulié, C. *O desejo*. Petrópolis: Vozes, 2005.

Eliade, M. *Mitos, sonhos e mistérios*. Lisboa: Edições 70, 1957.

Fédida, P. *Depressão*. São Paulo: Escuta, 1999.

ffytche, M. *As origens do inconsciente: de Schelling a Freud: o nascimento da psique moderna*. São Paulo: Cultrix, 2014.

Fisher, M. *Realismo capitalista: é mais fácil imaginar o fim do mundo do que o fim do capitalismo*. São Paulo: Autonomia Literária, 2020.

Fonseca, E. R. Afirmar e querer negar: os limites da negação da vontade na obra madura de Schopenhauer. *Revista Voluntas: Estudos sobre Schopenhauer*, v. 8, n. 1, 2017.

Frayze-Pereira, J. A. *Arte, dor: inquietudes entre estética e psicanálise*. Cotia: Ateliê Editorial, 2005.

Freud, S. *A interpretação dos sonhos (I)* [1900]. Rio de Janeiro: Imago, 1996. (Edição Standard Brasileira das Obras Psicológicas Completas de Sigmund de Freud; IV).

Freud, S. *Além do princípio de prazer* [*Jenseits des Lustprinzips*]. Trad. Maria Rita Salzano Moraes. Belo Horizonte: Autêntica, 2020. Edição crítica bilíngue. (Obras Incompletas de Sigmund Freud).

Freud, S. *Arte, literatura e os artistas* [1897-1930]. Belo Horizonte: Autêntica, 2015. (Obras Incompletas de Sigmund Freud).

Freud, S. *Estudios sobre la histeria* [1893-1895]. Buenos Aires: Amorrortu, 1996. (Obras Completas; II).

Freud, S. *Luto e melancolia* [1917]. São Paulo: Cosac Naify, 2011.

Freud, S. Projeto para uma psicologia científica [1895]. *In: Publicações pré-psicanalíticas e esboços inéditos (1886-1889)*. Rio de Janeiro: Imago, 1996. (Edição Standard Brasileira das Obras Psicológicas Completas de Sigmund de Freud; I).

Freud, S. Rascunho K [1896]. In: *Extratos dos documentos dirigidos a Fliess*. Rio de Janeiro: Imago, 1996. (Edição Standard Brasileira das Obras Psicológicas Completas de Sigmund Freud, I).

Freud, S. O mal-estar na cultura [1930]. *In: O mal-estar na cultura e outros escritos*. Tradução de Maria Rita Salzano Moraes. Belo Horizonte: Autêntica, 2020.

Freud, S. Sobre a transitoriedade [1915]. *In*: *A história do movimento psicanalítico, Artigos sobre a metapsicologia e outros trabalhos (1914-1916)*. Rio de Janeiro: Imago, 1974. (Edição Standard Brasileira das Obras Psicológicas Completas de Sigmund Freud, XIV).

Fuks, B.; Pollo, V. Estudos psicanalíticos sobre anorexia: quando se come "nada". *Revista Latinoamericana de Psicopatologia Fundamental*, v. 13, n. 3, p. 412-424, 2010.

Garcia-Roza, A. *O mal radical em Freud*. Rio de Janeiro: Zahar, 1990.

Gillespie, M. *Nihilism before Nietzsche*. Chicago: The University of Chicago Press, 1995.

Ginestet-Delbreil, S. *L'Appel de transfert et la nomination: essai sur les psychonévroses narcissiques*. Paris: L'Analyse au Singulier, 1987.

Girard, R. *Anorexie et désir mimétique*. Paris: Éditions de L'Herne, 2008.

Graf, M. Méthodologie de la psychologie des écrivains [1907]. *In*: *Les Premiers psychanalystes: Minutes de la société psychanalytique de Vienne*. Tome I (1906-1908). Paris: NRF-Gallimard, 1976. p. 275-285.

Graf, M. [1942] Réminiscences du Professeur Sigmund Freud. Trad. fr. *L'Unebévue*, Paris: E.P.E.L., n. 3, 1993. Supplement.

Han, B.-C. *Sociedade do cansaço*. Petrópolis: Vozes, 2010. Kindle edition.

Hans, L. *A teoria pulsional na clínica de Freud*. Rio de Janeiro: Imago, 1999.

Kehl, M. R. Desejo de realidade. *In*: Novaes, A. (org.). *O desejo*. São Paulo: Companhia das Letras, 1990.

Kehl, M. R. Melancolia e criação. *In*: Freud, S. *Luto e melancolia*. São Paulo: Cosac Naify, 2011.

Kehl, M. R. *O tempo e o cão: a atualidade das depressões*. São Paulo: Boitempo, 2009.

Kehl, M. R. *Ressentimento*. São Paulo: Boitempo, 2020.

Kristeva, J. *Les Nouvelles maladies de l'âme*. Paris: Fayard, 1993.

Kristeva, J. *Soleil noir: dépression et mélancolie*. Paris: Folio, 1987.

La Bible. *Entête* (*La Genèse*). Traduida e commentada por André Chouraqui. Paris: J.-C. Lattès, 1992.

Lacan, J. [1956-1957] *O seminário, livro 4: A relação de objeto*. Rio de Janeiro: Zahar, 1995.

Lacan, J. [1959-1960] *O seminário, livro 7: A ética da psicanálise*. Rio de Janeiro: Zahar, 1997.

Lacan, J. [1964] *O seminário, livro 11: Os quatro conceitos fundamentais da psicanálise*. Rio de Janeiro: Zahar, 1998.

Lacan, J. *O seminário, livro 17: O avesso da psicanálise* [1969-1970]. Rio de Janeiro: Zahar, 1992.

Lacan, J. La direction de la cure et les príncipes de son pouvoir [1956-1957]. *In: Écrits*. Paris: Éditions du Seuil, 1999.

Lacan, J. A essência da tragédia. Um comentário de Antígona de Sófocles; A dimensão trágica da experiência psicanalítica [1959-1960]. *In: O seminário, livro 7: A ética da psicanálise*. Rio de Janeiro: Jorge Zahar, 1988. p. 293-347.

Lacan, J. Intervention aux conclusions des groupes de travail sur la passe. *Lettres de l'École Freudienne*, n. 15, p. 235-244, 1975.

Lacan, J. [1970] Radiofonia. *In: Outros escritos*. Rio de Janeiro: Jorge Zahar, 2003. p. 400-447.

Lacoue-Labarthe, Ph. De l'éthique: à propos d'Antigone. *In: Lacan avec les philosophes*. Paris: Albin Michel, 1991. p. 21-36.

Lambotte, M.-C. *Estética da melancolia*. Rio de Janeiro: Companhia de Freud, 2000.

Lambotte, M.-C. *O discurso melancólico: da fenomenologia à metapsicologia*. Rio de Janeiro: Companhia de Freud, 1997.

Lasègue, C. Da anorexia histérica. *Revista Latinoamericana de Psicopatologia Fundamental*, v. 3, n. 1, p. 158-171, 1998.

Leclaire, S. *Escritos clínicos*. Rio de Janeiro: Zahar, 2001.

Leclaire, S. *Psicanalisar*. São Paulo: Perspectiva, 2007.

Les Premiers psychanalystes. Minutes de la société psychanalytique de Vienne. Tome I (1906-1908). Paris: NRF-Gallimard, 1976.

Lima, L. C. *Melancolia: literatura*. São Paulo: Editora Unesp, 2017.

Lima, M. A. C. Anorexia e melancolia. *Revista Latinoamericana de Psicopatologia Fundamental*, v. 15, n. 2, p. 251-264, 2012.

Loureiro, I. *O carvalho e o pinheiro: Freud e o estilo romântico*. São Paulo: Escuta; Fapesp, 2002.

Löwy, M; Sayre, R. *Revolta e melancolia*. São Paulo: Boitempo, 2015.

Machado, R. *O nascimento do trágico: de Schiller a Nietzsche*. Rio de Janeiro: Jorge Zahar, 2006.

Maldiney, H. Cézanne et Sainte-Victoire. Peinture et vérité. *In: L'Art, l'éclair de l'être*. Chambéry: Éditions Comp'Act, 1993. p. 27-47.

Mann, T. *Pensadores modernos: Freud, Nietzsche, Wagner e Schopenhauer*. Rio de Janeiro: Zahar, 2015.

Marcos, C. O objeto na anorexia: da falta do objeto ao objeto nada. *Estudos e Pesquisas em Psicologia*, v. 14, n. 3, p. 987-1004, 2014.

Marton, S. Niilismos: marca de nosso tempo. YouTube, 2 maio 2023. Disponível em: https://www.youtube.com/watch?v=qhoZRCZ_wFk. Acesso em: 2 maio 2023.

Melman, C. *Alcoolismo, delinquência, toxicomania: uma outra forma de gozar*. São Paulo: Escuta, 1992.

Melville, H. [1853] *Bartleby, o escrivão. Uma história de Wall Street*. São Paulo: Cosac Naify, 2013.

Meuret, I. *L'Anorexie créatrice: 50 questions*. Paris: Klincksieck, 2006.

Mezan, R. *A vingança da esfinge: ensaios de psicanálise*. São Paulo: Casa do Psicólogo, 2002.

Mezan, R. O estranho caso de José Matias. *In*: Novaes, A. (org.). *O desejo*. São Paulo: Companhia das Letras, 1990.

Monzani, L. *Desejo e prazer na idade moderna*. Curitiba: Champagnat (PUCPR), 2015.

Nasio, J.-D. (org.). *Les Yeux de Laure: transfert, objet* a, *et topologie dans la théorie de J. Lacan*. Paris: Aubier, 1987.

Nasio, J.-D. (org.). *Os grandes casos de psicose*. Rio de Janeiro: Zahar, 2001.

Nietzsche, F. [1887] *Genealogia da moral: uma polêmica*. São Paulo: Companhia das Letras, 1998.

Nogueira, I. B. *Significações do corpo negro*. Tese (Doutorado) – Instituto de Psicologia, Universidade de São Paulo, São Paulo, 1998.

Parente, A. M. A. *Sublimação e Unheimliche*. São Paulo: Pearson, 2017.

Pastore, J. *O trágico: Schopenhauer e Freud*. São Paulo: Primavera, 2015.

Pecoraro, R. *Niilismo*. Rio de Janeiro: Zahar, 2007.

Pereira, M. E. C. *A erótica do sono: ensaios psicanalíticos sobre a insônia e o gozo de dormir*. São Paulo: Aller, 2021.

Peres, U. T. Uma ferida a sangrar-lhe a alma. *In*: Freud, S. *Luto e melancolia*. São Paulo: Cosac Naify, 2011.

Pinheiro, T. O modelo melancólico e os sofrimentos da atualidade. *In*: Verztman, J. *et al.* (orgs.). *Sofrimentos narcísicos*. Rio de Janeiro: Cia de Freud/UFRJ; Brasília: Capes Prodoc, 2012.

Ponge, F. *Le parti pris des choses*. Paris: NRF-Gallimard, 1942.

Pontalis, J.-B. *Entre le rêve et la douleur*. Paris: Gallimard, 1977.

Prigent, H. *Mélancolie: les métamorphoses de la dépression*. Paris: Gallimard; RMN (Arts), 2005.

Quinet, A. *A descoberta do inconsciente: do desejo ao sintoma*. Rio de Janeiro: Zahar, 2003.

Raikovic, P. O *sono dogmático de Freud: Kant, Schopenhauer, Freud*. Rio de Janeiro: Zahar, 1996.

Rancière, J. *A partilha do sensível: estética e política*. São Paulo: Editora 34; EXO experimental, 2005.

Rancière, J. *O inconsciente estético*. São Paulo: Editora 34, 2009.

Ravoux, J.-P. *De Schopenhauer à Freud: l'inconscient en question*. Paris: Beauchesne, 2007.

Recalcati, M. Anorexia-bulimia entre depresión y melancolía. *In*: Gorali, V. (org.). *Estudios de anorexia y bulimia*. Buenos Aires: Atuel, 2000.

Recalcati, M. Os dois "nada" da anorexia. *Correio: Revista da Escola Brasileira de Psicanálise*, v. X, n. 32, p. 26-36, 2001.

Reik, T. [1949] *Fragment d'une grande confession*. Paris: Denoël, 1973.

Reik, T. [1935] *Le Psychologue surpris*. Paris: Denoël, 2001.

Rilke, R. M. [1926] Gong. *In: Œuvres II: Poésie*. Paris: Seuil, 1972.

Rodrigues Junior, R. Encontro e desejo em Spinoza e Schopenhauer. *Kairós: Revista acadêmica da Prainha*, 3(2), p. 327-354, 2006.

Rosset, C. *Schopenhauer, philosophe de l'absurde*. Paris: PUF, 1994. (Quadrige).

Roudinesco, E. *Sigmund Freud: na sua época e em nosso tempo*. Rio de Janeiro: Zahar, 2015.

Safatle, V.; Dunker, C.; Silva Jr., N. (orgs.). *Neoliberalismo como gestor do sofrimento psíquico*. Belo Horizonte: Autêntica, 2021.

Safouan, M.; Hoffmann, C. *O desejo nas mutações familiares e sociais*. São Paulo: Instituto Langage: 2016.

Safranski, R. *Romantismo: uma questão alemã*. São Paulo: Estação Liberdade, 2007.

Salomé, L.-A. *Rainer Maria Rilke*. [Leipzig, 1928]. Paris: Maren Sell & Cie, 1989.

Salviano, J. *Labirintos do nada: a crítica de Nietzsche ao niilismo de Schopenhauer*. 2007. 144 f. Tese (Doutorado em Filosofia) – Faculdade de Filosofia, Letras e Ciências Humanas, Universidade de São Paulo, São Paulo, 2007.

Sanekli, M. *L'Inconscient. Freud: Spinoza, Schopenhauer, Nietzsche*. Paris: Connaissances et Savoirs, 2016.

Schneider, R. *L'Art français, XIXe et XXe siècles: du réalisme à notre temps*. Paris: Henri Laurens, 1930.

Schopenhauer, A. [1819] *O mundo como vontade e como representação*. São Paulo: Editora Unesp, 2005.

Schöpke, R. Schopenhauer e a vida heroica. *In*: Bossert, A. *Introdução a Schopenhauer*. Rio de Janeiro: Contraponto, 2011.

Silva, A. N.; Bastos, A. Anorexia: uma pseudo-separação frente a impasses na alienação e na separação. *Psicologia Clínica*, Rio de Janeiro, v. 18, n. 1, p. 97-107, 2006.

Simmel, G. [1907] *Schopenhauer & Nietzsche*. Rio de Janeiro: Contraponto, 2011.

Souza, N. S. [1983] *Tornar-se negro: as vicissitudes da Identidade do negro brasileiro em ascensão social*. São Paulo: Companhia das Letras, 2021.

Starobinski, J. *A tinta da melancolia*. São Paulo: Companhia das Letras, 2016.

Suzuki, M. *O gênio romântico: crítica e história da filosofia em Friedrich Schlegel*. São Paulo: Iluminuras; Fapesp, 1998.

Vartzbed, É. *La Troisième oreille de Nietzsche: essai sur un précurseur de Freud*. Paris: L'Harmattan, 2003.

Vincent, T. *L'Anorexie*. Paris: Odile Jacob, 2000.

Vivès, J.-M. A-vocação melancólica. *Revista de Psicologia da Unesp*, v. 19, n. 2, 2020.

Vorcaro, A. Prefácio. *In*: Cunha, F. C. *Anorexia: uma neurose paralela à melancolia*. Petrópolis: KBR, 2015.

Yovel, Y. *Espinosa e outros hereges*. Lisboa: INCM, 1993.

Zaltzman, N. *De la guérison psychanalytique*. Paris: PUF, 1999.

Zygouris, R. *Pulsões de vida*. São Paulo: Editora Escuta, 1999.

Zygouris, R. *Nem todos os caminhos levam a Roma*. São Paulo: Escuta, 2006.

Este livro foi composto com tipografia Adobe Garamond Pro e
impresso em papel Off-White 80 g/m² na Formato Artes Gráficas.